【重庆市教育委员会人文社会科学研究项目（19SKDJ033）】【国家社会科学基金西部项目：新时代新疆弘扬爱国主义精神研究（20XKS035）】

中华优秀传统文化融入大学生校园文化生活创新路径探索

程利滨 ◎ 著

吉林出版集团股份有限公司

图书在版编目（CIP）数据

中华优秀传统文化融入大学生校园文化生活创新路径
探索 / 程利滨著. -- 长春：吉林出版集团股份有限公
司，2024. 8. -- ISBN 978-7-5731-5623-5

Ⅰ. G647

中国国家版本馆CIP数据核字第20246F2M15号

中 华 优 秀 传 统 文 化 融 入 大 学 生 校 园 文 化 生 活 创 新 路 径 探 索

ZHONGHUA YOUXIU CHUANTONG WENHUA RONGRU DAXUESHENG XIAOYUAN WENHUA
SHENGHUO CHUANGXIN LUJING TANSUO

著　　者	程利滨	
责任编辑	赵利娟	
封面设计	牧野春晖	
开　　本	710mm×1000mm　　1/16	
字　　数	200 千	
印　　张	11	
版　　次	2025 年 1 月第 1 版	
印　　次	2025 年 1 月第 1 次印刷	

出版发行　吉林出版集团股份有限公司

电　　话　总编办：010-63109269
　　　　　　发行部：010-63109269

印　　刷　三河市悦鑫印务有限公司

ISBN978-7-5731-5623-5　　　　　　　　　　　定价：79.00 元

　　在全球化大潮中，文化的多样性和传统价值的传承正日益成为全球关注的焦点。作为中华民族的精神根基与灵魂，中华优秀传统文化是增强民族自信心的源泉。在高等教育领域，培养大学生的文化自信，不仅是推动传统文化创造性转化和创新性发展的需要，更是从传统文化中提炼出契合当今时代需求的思想价值，使之融入大学生的学习生活，从而培养他们正确的世界观、人生观和价值观，以适应时代发展的需求。将中华优秀传统文化融入大学校园，不仅能够丰富大学生的文化素养，激发其创新能力，还能为社会培养出一批具备国际视野和深厚本土文化认同的高素质人才。因此，加强校园人文环境建设，促进校园文化生活的不断丰富与完善，营造一个有利于学习优秀传统文化的良好氛围，对于提升中华优秀传统文化教育的有效性、增强国家文化软实力、助力社会主义文化强国建设具有重要意义。《中华优秀传统文化融入大学生校园文化生活创新路径探索》一书正是基于对传统文化传承与发展的深刻洞察，致力于探索如何将中华优秀传统文化与现代大学校园文化生活相融合的创新路径，旨在为高等教育领域提供理论指导和实践策略，以期在新时代为传承和发展中华优秀传统文化贡献智慧和力量。

　　本书开篇对传统文化的内涵进行了细致阐释，探讨了其社会功能与在当代社会的重要价值，为理解传统文化提供了坚实的理论基础。随后，书中深入分析了大学生校园文化生活的多维概念、独特特征及其内在价值，揭示了校园文化在育人过程中的关键作用，为校园文化建设的理论指导和实践应用奠定了基础。进一步地，本书详尽讨论了如何将中华优秀传统文化与高校体育教育、英语翻译教育、德育教育及大学生管理工作等相融合，提出了切实可行的融合策略和创新实践路径。特别值得一提的是，本书强调了高校图书馆在传统文化传播和文化创意产品开发中的核心地位，为传统文化的传承与创新提供了新的视角和方法。这些探讨不仅丰富了传统文化的传播渠道，也为高校文化创新实践开辟了新天地。

在写作本书的过程中，作者借鉴了国内外很多相关的研究成果以及著作、期刊、论文等，在此对相关学者、专家表示诚挚的感谢。由于作者水平有限，书中一些内容还有待进一步研究和论证，在此恳切希望各位同行专家和读者朋友予以斧正。

程利滨

2024 年 6 月

目　录

CONTENTS

第一章　中华优秀传统文化概述

第一节　中华优秀传统文化的内涵及主要内容

一、中华优秀传统文化的内涵

每个名词都有其特殊含义，每一个既定的概念都是为了让我们能够更加清晰地认识和分辨不同事物的本质与特征。真正的思想和科学的洞见，只有通过深入剖析这些概念才能明晰。因此，研究对象的概念界定是否明确，在很大程度上会影响我们对其内涵的深入探索和理解。中华民族，作为文明瑰宝，拥有五千多年的深厚积淀和生生不息的发展动力，其文化内涵自然丰富而精深。要深入剖析并理解中华优秀传统文化的概念，我们首先要明确文化、传统文化及中华传统文化的含义。

（一）文化

1. 文化的内涵

迄今为止，中外学者关于文化的定义纷繁复杂，数量多达几百种。总体而言，文化可分为广义文化和狭义文化。广义的文化，常被称作"大文化"，主要着眼于人与动物之间的本质差异，内容极为丰富，涵盖了人类所创造的所有物质和精神成果。可以说，在人类社会的每个角落，文化都无处不在、无时不有。狭义的文化则排除了物质创造及其成果，仅聚焦于精神创造及其成果，故而又被称作"小文化"。本书所探讨的文化，正是这种狭义的文化，即相对于政治、经济结构的文化。狭义文化涵盖了人类在社会实践和意识活动过程中所形成的价值观念、精神心理、思维方式等。在文化的不同层次之中，精神上的文化对人类生活具有至关重要的意义。

2．文化的特征

第一，文化具有显著的继承性，世代相传。中华传统文化从总体上看，其连续性和稳定性得以保持，并未发生根本性的中断或大的变化。

第二，文化具有显著的可传播性。这是文化的一个重要特性，通过各种媒介和手段的广泛传播，促进不同国家和民族间文化的交流、融合，推动文化的多样性发展。

第三，文化具有鲜明的民族特色。不同国家和民族拥有各自独特且多样化的文化表现形式，这些形式深深地扎根于本国和本民族独特的生产和生活方式之中，与其他民族和种群形成鲜明的对比。

（二）传统文化与中华传统文化

1．传统文化

（1）传统文化的内涵。

在人类从蒙昧走向文明的进程中，文化在不断地变化，这就导致了过去和现在的明显差异。特别是在历史长河中，那些承载着过去时代特征的文化被称作"传统文化"。每一种民族文化中都蕴含着独特的精神元素，这些元素展现了各自民族的特色和文化底蕴，我们称之为传统文化。

传统文化实际上是人类情感与社会现实交织而成的独特表达，鉴于全球范围内各国社会发展的多样性，其孕育出的文化自然也呈现出丰富多彩、各具特色的面貌。在浩瀚的世界文化版图中，每个国家的文化都如同一颗璀璨的星辰，闪烁着独特的光芒。特别是中国，作为四大文明古国之一，其文化更独具魅力。

"文化"这一概念有广义与狭义之分，传统文化亦是如此。广义上的传统文化囊括了人类历史长河中积累起来的物质文明和精神文明的全部成果；而狭义上的传统文化更侧重于关注那些历经岁月沉淀、传承至今的精神文化和观念文化。本书所探讨的传统文化，正是指这种狭义层面的文化内涵。因此，本书所研究的传统文化，特指在一定历史条件下形成并带有鲜明的民族特色与独特风格的传统精神文化和观念文化。

（2）传统文化的功能。

传统文化是人类精神传统和价值传统的文化形态，我们可以从以下三个维度来认识、理解：

①传统文化是人类社会发展的遗传密码，是现实社会的基石，也是其发展的终极指南针。反过来，传统文化以其深厚的底蕴，引导着社会走向合理与和谐。从更为宏观且多维的人种学视角审视，文化或文明无疑是一个错综复杂的体系，融合了知识、信仰、道德、法律及习俗等多种元素。文化或文明涵盖了人们作为社会成员所积累的一切能力与习惯。因此，人类社会本身就是其文化的外在体现，文化传统不仅规范着现实社会的运作，更为其发展指明了方向。

②传统文化是一个民族的存在根基。传统是塑造新信仰和行动模式的基石，也是其深层的诠释。一个社会若摒弃了传统文化，相当于失去了指引前行的明灯和行动的规范。一个民族的文化品质是在文化传承中确立的。若无独特的文化传统作为基石，独特的文化形态便难以孕育。而一旦文化传统消失，便预示着该民族的衰亡。

③传统文化是人类的终极身份证。人的社会属性深深扎根于文化的土壤之中，因此，传统文化不仅是我们作为智慧生物的根本价值所在，也是人类身份认同的最终归宿。

2．中华传统文化

（1）中华传统文化的内涵。

中华传统文化源远流长，是承载着中华民族数千年的文明成果，经过世代的传承与发扬，深刻影响社会各方面并具有稳定性的精神成果的集合。中华传统文化中既有值得我们珍视和发扬的精华，也有需要摒弃的糟粕，因此，在继承和发展过程中，我们应持一种批判性的"扬弃"态度。

（2）中华传统文化的价值体系结构。

中华传统文化的价值目标主要体现在对"内圣"与"外王"的执着追寻上，这意味着在个人的道德修养层面力求精进，同时努力建设一个和谐且有序的道德社会。为了实现这些追求，"修身"与"德治"成为重要的文化价值方式。另外，"礼"在传统文化中占有重要地位，其建立了一套完整的价值规范体系，为社会道德秩序提供了明确的指引。

"内圣"指的是理想的道德品质和理性。"外王"则指治理国家和平定天下的功绩。在儒家思想中，"内圣"占据核心地位。儒家经典之作《礼记·大学》深刻揭示了中华传统文化的核心价值追求及其实现路径，明确指出："大学之道在明明德，在亲民，在止于至善。"并强调："自天子以至于庶人，壹是皆以修身为本。"《礼记·大学》中的"修身"理念，旨在帮助人们达到"内圣"的境界，而治国平天下则属于广义的"外王"。从"修身"到"治国"，即从"内圣"到"外王"，是一个道德理念向政治生活扩展的过程。

伦理道德与政治紧密相连，是中华传统政治文化的显著特征。朱熹在政治、历史和生活等多重领域，深化了王道与德行的深远影响。他指出："古之圣人，致诚心以顺天理，而天下自服，王者之道也。"并进一步指出："能行其道，则不必有其位，而固已有其德矣。""用之则为王者之佐，伊尹大公是也；不用则为王者之学，孔孟是也。"从中华文化的历史脉络来看，当"德治"不足以奏效时，便辅以刑罚，即"德刑并重"。这种策略旨在通过礼仪来规范行为，"礼正其始，刑防其失"。"德"与"刑"相互映衬，共同构成了中华传统文化价值体系的核心特色。

中华传统文化内涵丰富，其核心精髓乃是一种深深植根于"礼治"的文化。其中，"礼"作为基石，构筑起了整个传统文化价值体系的宏伟殿堂。"礼"在中华传统文化中起着规范和约束人的行为的重要作用，是社会追求道德完善的体现，它强调个人的自我约束和集体的和谐统一。正因为

"礼"具有如此强大的规范与教化功能，它才成为"成德""治世"的有力支撑。

（三）中华优秀传统文化

1. 中华优秀传统文化的概念

关于中华优秀传统文化的概念，学界众说纷纭，其中主要有三种观点：第一种观点从时间维度和内容范畴来看，中华优秀传统文化指的是中华民族在1840年以前创造且能够通过现代创新转化，服务于中国现代化建设的文化，涵盖物质层面的各种表现。第二种观点从价值角度来考量，作为中华民族漫长历史进程中的瑰宝，中华优秀传统文化不仅承载着丰富的历史意义，更在当今时代依然展现出无可替代的价值。第三种观点从传承的角度出发，认为中华优秀传统文化是指经过实践、时间和社会优选继承等多重检验，得以传承久远并持续发挥影响力的文化。

这些观点都具有一定的合理性和可靠性。优秀传统文化的核心在于"优秀"二字，这是定义这一概念的关键所在。综上，对于中华优秀传统文化的阐释，我们可以从以下三方面进行归纳和总结：第一，中华优秀传统文化植根于中华传统文化的沃土，特指19世纪40年代以前的中华历史文化。第二，中华优秀传统文化并非泛指所有的中华传统文化，而是特指其中的精粹部分。这些文化元素不仅历经岁月的洗礼得以传承至今，更在当今全球化大背景下展现出其独特的价值和魅力。它们对于解决中国特色社会主义所面临的现实问题具有重要的辅助作用，成为中国特色社会主义文化的基石和核心组成部分。第三，中华优秀传统文化是经过现代实践检验的、具有深远影响力的文化。不仅在历史上发挥了重要作用，更在现代社会的实践中得到了验证和肯定，是中华民族宝贵的精神财富。

中华优秀传统文化不仅是对物质生活与精神生活的深刻总结与反馈，更是中华民族智慧的结晶。在历史的长河中，这些文化元素经过世代的传承与发展，经历了无数次的淘汰与选择，最终凝聚成能够引领社会发展、推动人类进步的宝贵思想、高尚道德和独特风俗。这些文化元素不仅体现了中华民族独特的审美观念、价值观念和生活方式，更深深烙印着中华儿女的精神寄托与文化自豪。这一宝贵的文化遗产对于社会的进步和人类的全面发展所具备的价值，无疑是难以估量的。

中华优秀传统文化历经实践洗礼，不断演进与丰富，与马克思主义先进文化和中国革命文化相互融合、相互渗透，共同铸就了具有鲜明时代特色的文化体系，展现出了无可比拟的时代价值。

2. 中华优秀传统文化的精髓

中华优秀传统文化不仅是一脉相承的文明瑰宝，更是中华民族自强不息、砥砺前行的精神源泉。这种文化承载着民族先贤的智慧与愿景，成为我们民族不断焕发生机的精神财富。它不仅是我们构建社会主义先进文化的坚固基石，更是构建中华民族共同精神家园的支柱力量。当我们深入挖掘中华优秀传统文化的精髓时，不妨从个体、社会、国家三个层面进行详尽的探讨。

（1）个体层面。在个体层面上，中华优秀传统文化的核心精神在诚信与正义方面尤为凸显。其一，诚信是我们做人的基石。它不仅是我们与人交往的基石，也是我们行动决策的坚实支撑。其二，正义是我们做人的基本道德。拥有正义感是我们个人的宝贵品质，更是我们社会普遍尊崇的公德。其三，诚信与正义作为中华优秀传统文化的核心精神，已经深深烙印在中华民族漫长的历史与文化中。这种深厚底蕴凝聚了历代中华儿女的优秀品德和时代精神，使中华民族在国际舞台上独树一帜，能够坚守道义、勇往直前，赢得了世界的广泛赞誉。

（2）社会层面。在社会层面，中华优秀传统文化的精髓尤为显著地体现在和谐与仁义的核心理念上。一方面，和谐不仅是社会稳定的基石，更是推动民生繁荣不可或缺的动力。在和谐的环境中，各种社会元素能够和谐共生、相互促进，从而推动社会的持续发展和合作的不断深化。和谐代表着和气、融洽与平衡。在人际关系中，和谐体现为相互尊重与理解，这也是构建和谐社会的基石。在家庭关系中，和谐则表现为家庭成员之间的和睦相处、相互扶持。在国际关系上，和谐则意味着国与国之间的和平共处、互利共赢，共同构建人类命运共同体。进一步而言，和谐不仅是社会层面的一种状态，更是人民追求美好生活的必要条件。另一方面，仁义是中华民族的传统美德，是维系人与人之间友好关系的重要纽带。只有心中充满仁爱，我们的社会才能更加温馨、更加美好。我们要构建一个经济富强、政治民主、文化繁荣、社会和谐、生态文明的社会主义现代化强国，就必须深深根植于"仁"的精神。

（3）国家层面。在国家层面，中华优秀传统文化的精髓深刻地烙印在其对人本与道义的坚守之中。具体而言，人本思想形成了一种以人民为核心的价值取向。这种思想强调人民群众是社会历史的主体和创造者，更是社会进步与繁荣的坚实基石和坚定拥护者。自古以来，中华智慧便深谙"得民心者得天下"的真理，这句话凝聚了对于人类社会发展规律的深刻洞察，最终都需围绕"人"这一核心要素展开。自改革开放的浪潮席卷而来，国家在各个发展领域都收获了令世界瞩目的辉煌成就。从经济富强、政治民主、文化繁荣、社会和谐、生态文明到科技飞跃，这些成果无不体现了中国人民的聪明才智和不懈奋斗。这些成就的背后，是中国政府始终坚守并贯彻"以人为本"的治理原则，将人民的利益放在首位，努力让发展的成果惠及全体人民。

二、中华优秀传统文化的主要内容

从系统角度看，一种文化是由若干文化要素组成的具有一定结构和功能的文化系统。组成文化系统的文化要素复杂多样，在系统中具有不同特征和功能。如果以特征和功能的相似性为标准，可以对复杂多样的文化要素进行分类，具体可分为精神、制度和物质三个层面。这三个层面的文化要素相互影响、有机结合，共同构成了整个文化系统。中华优秀传统文化也是由精神、制度和物质三个层面的文化要素构成的文化系统。

（一）精神层面文化

精神层面文化，作为文化的一种独特表现形式，深刻地反映了人类对于世界的认知与理解，集中体现了人类对于世界观、价值观等核心精神要素的探索与追求。在中华民族数千年的社会历史实践中，经过无数先贤的不懈探索和长期积累，中华民族形成了独具特色且博大精深的精神成果，这些成果不仅丰富了中华民族的文化底蕴，更为其发展壮大提供了源源不断的精神滋养。

（二）制度层面文化

制度层面文化，作为精神层面文化与物质层面文化之间的桥梁，承载着人类对于社会关系构建和社会行为规范的深刻思考与实践，是人类在长期历史进程中为了维护社会秩序、促进社会发展而精心设计的制度成果，如政治制度、社会礼仪、法律法规等。在中华文明五千多年的悠久历史中，传统文化经历了从原始社会到奴隶社会，再到封建社会的漫长演变。不同历史时期的制度文化也随之产生了显著的差异和变化，这些制度文化不仅反映了当时社会的政治、经济、文化状况，也为形成有序的社会关系、良好的社会风尚提供了坚定的制度保障。

（三）物质层面文化

物质层面文化，作为人类文化的重要组成部分，其存在形式直接体现在物质实体上，这些物质文化成果，如生产工具、生活器具等，都承载着深刻的生活目的，它们是为了满足人类在生产、生活中的实际需求而诞生的。在中国古代，物质层面文化的内涵十分丰富，其涵盖了人们生活的方方面面。

有学者进行了系统的分类，将其归纳为十一大类：农业与膳食，酒、茶、糖、烟，纺织与服装，建筑与家具，交通工具，冶金，玉器、漆器、瓷器，文具、印刷，乐器，武备，科学技术。这些物质层面文化的丰富内容不仅展示了古代中国人民的智慧和创造力，也为我们提供了宝贵的历史遗产和文化资源。

第二节　中华优秀传统文化的社会功能

一、优秀传统文化的凝聚整合功能

文化凝聚力量，文化整合思想。中华优秀传统文化是中华民族共同的精神家园和文化标志，在民族精神凝聚整合方面始终发挥着重要作用。

（一）强化民族认同感

民族认同感，是民族成员对自己所属民族的认可和赞同，既包含了对个人民族身份的认同，即确认"我属于这个民族"；也包含了对民族的肯定和赞赏，即认为"这个民族很了不起"。这种"认可"与"赞同"相辅相成，共同构成了民族认同感，为民族凝聚力提供了坚实的情感基石。若这基础坚实，民族凝聚力自然强大；反之，则相对较弱。在诸多能增强民族认同感的要素中，民族的传统文化占据了举足轻重的地位。

历史上，中华优秀传统文化是强化中华民族身份认同感的最重要因素。《史记·赵世家》中说："中国者，盖聪明徇智之所居也，万物财用之所聚也，贤圣之所教也，仁义之所施也，诗书礼乐之所用也，异敏技能之所试也，远方之所观赴也，蛮夷之所义行也。"这段话很好地说明了中华民族把优秀文化视为民族身份的标志，视为民族自豪的依据。在漫长的历史中，中华优秀传统文化成为中华儿女不断增强身份认同、增强理想信念的精神因素，也可以看出这种强烈民族身份认同所产生的强大精神力量。

当今，在经济全球化的浪潮中，中国为实现中华民族伟大复兴的宏伟目标，更需要加强全体中华儿女的民族身份认同感，以稳固民族凝聚力的情感基石。中华优秀传统文化，这一由五十六个民族共同创造的文化瑰宝，不仅是中华民族的文化标志，也成为海内外所有中华儿女的共同精神寄托。孔子、孟子、老子、庄子等的哲学思想，春节、清明、端午、中秋等传统节日，汉服、唐装、旗袍等传统服饰，长城、故宫、兵马俑等历史古迹，屈原、岳飞、文天祥等忠臣良将，李白、杜甫、苏轼等著名文人，《红楼梦》《三国演义》《水浒传》《西游记》等古典小说，都是中华民族的文化标志，都是产生和强化共同身份认同的文化符号。传承与弘扬中华优秀传统文化，实质上是对我们民族文化特色的持续凸显与确认，也是对中华儿女民族身份的持续强调，这一过程能够极大地提升中华儿女的民族认同感。

（二）整合思想认识

改革开放以来，在解放思想的大背景下，中国社会思想活跃、思潮涌动，出现了思想思潮多元化的趋势。最近 40 年，中国产生了许多社会思潮，其中有八种社会思潮影响巨大，包括习近平新时代中国特色社会主义思想，以及老左派、新左派、民主社会主义、自由主义、民族主义、民粹主义和新儒家等思潮。在这些大型社会思潮并存的情况下，社会各个阶层，甚至每个人由于利益诉求的不同，在国家治理、社会建设、利益分配等诸多方面存在着思想认识上的分歧。学术上的"百家争鸣"和社会思想的生动活泼是好的现象，但如果社会思想认识过于分裂，反而会成为社会进步的思想障碍。特别是有些思潮和思想，严重背离中国特色社会主义道路和现代文明，其危害性不容小觑。中华优秀传统文化是中华民族共有的精神家园，在这个共同的精神家园中，我们的社会理想、发展理念、价值观念、思维方式、审美品位以及心理习惯等方面存在显著的相似性和一致性，这为我们整合思想认识提供了重要的基础。

中华优秀传统文化具有整合思想认识的重要作用，但这并不意味着要用它来消除或替代其他思想认识。其博大精深的思想内涵和包容创新的特质，能够引发广泛的思想共鸣，促进思想共识的形成，集聚智慧与力量。这样做有助于降低发展过程中的思想阻碍，并为发展提供更强的精神推动力。

（三）维护民族团结统一

维护民族团结统一，既是实现中华民族伟大复兴的题中应有之义，也是实现这一伟大梦想的必要条件。实现中华民族的伟大复兴，必须凝聚全中国的力量，这股力量源自全国各族人民的紧密团结。维护中华民族的团结统一，可以充分发挥中华优秀传统文化的力量，将其作为一条牢不可破的文化纽带，发挥其独特的作用。

史学名著《全球通史》曾提出一个值得深思的问题："中国为什么会拥有世界上最古老、连续不断的文明？"深入探究其本质，中华优秀传统文化是维"合"促"合"的强大精神力量，是维护团结统一的坚强精神纽带。

一方面，中华优秀传统文化中有着根深蒂固的"大一统"思想。从《诗经·小雅·北山》"普天之下，莫非王土"到《公羊传·隐公元年》"何言乎王正月？大一统也"，再到《礼记·中庸》"天下车同轨，书同文，行同伦"，均体现着"大一统"思想可见其确立时间早、根基深厚，在中华民族历史中具有深远的影响。在中华民族的文化心理深处，反对分裂、坚守国家统一的坚定信念早已牢固地扎根。在中国人内心深处，认为国家统一是正常的，国家分裂是不正常的，团结统一的思想是根深蒂固的，这就从思想深处维护和促进了民族的团结统一。

另一方面，中华优秀传统文化是促进各民族、各区域融为一体的文化熔炉。考古学发现表明，中华大地上最早散布着满天星斗般的文化区域和原始部族。在不断地冲突和融合中，华夏文化逐渐成为主体，并显示出强大的包容性和先进性。随着其文化影响力的增强和辐射范围的扩大，各区域文化逐渐融合成中华文化，各少数民族逐渐融合成中华民族。中华优秀传统文化，特别是其中优秀的语言文字、文学艺术、思想理念、伦理道德、节日风俗、饮食服饰等，如同一个巨大的文化熔炉，各民族、各区域在其中交流融合，形成了民族多元一体、文化多样和谐的统一整体。

（四）激发精神力量

实现中华民族伟大复兴的中国梦，推动经济社会持续发展，克服各种困难，战胜各种挑战，需要我们不断激发强大的精神力量。中华优秀传统文化积累了十分丰富的精神宝藏。传承和弘扬中华优秀传统文化，能够持续鼓舞华夏儿女砥砺前行，汇聚起共同构筑中国梦的宏伟力量。

1. 自强不息精神

"自强不息"出于《周易》："天行健，君子以自强不息。"古人认为，天上的星辰日夜运行不息，君子效法上天，也应自强不止。纵观历史，中华民族长期跻身于世界民族前列，中华文明也曾稳居人类文明的高峰，这与中华优秀传统文化中蕴含的自强不息精神密不可分。

2. 居安思危精神

中华民族自古以来就对国家的兴衰安危有着清醒的忧患意识。孔子指出："人无远虑，必有近忧。"（《论语·卫灵公》）孟子说："生于忧患，死于安乐。"（《孟子·告子下》）《司马法》中说："国虽大，好战必亡；天下虽安，忘战必危。"（《司马法·仁本》）欧阳修说："忧劳可以兴国，逸豫可以亡身。"（《新五代史·伶官传序》）这刻展现了中华儿女对国家命运的深切忧虑与警觉，这种忧患意识使中华民族始终保持着清醒的头脑和警觉的心态，维系着自强不息的精神风貌，从而使中华民族长久昌盛，不衰不败。

3. 勇于担当精神

在中国古代，"修身""齐家""治国""平天下"是读书人的人生追求和最高理想。中国历史上出现了很多具有担当精神的英雄，他们勇于担当起人民、民族和国家的责任。鲁迅讲："我们从古以来，就有埋头苦干的人，有拼命硬干的人，有为民请命的人，有舍身求法的人……这就是中国的脊梁。"（《中国人失掉自信力了吗》）从大禹治水"八年于外，三过其门而不入"（《孟子·滕文公上》）到孟子"如欲平治天下，当今之世，舍我其谁也"（《孟子·公孙丑下》），再到林则徐虎门销烟的壮举，勇于担当的精神始终是中华民族的重要精神品质。正因为有这种勇于担当精神，中华儿女才能在国家安定时期保持警惕，而在国家遭遇危难时勇于担当，面对危险不退缩，面对艰难勇往直前，一代代接力前行，勇敢地肩负起国家和民族的重任。

4. 开拓创新精神

"苟日新，日日新，又日新。"（《礼记·大学》）几千年来，中华民族生生不息、发展壮大的历史，就是一部不断开拓创新的辉煌史。思想上诸子百家竞相争鸣，文学上唐诗、宋词、元曲、明清小说接续发展，科技上四大发明相继出现，外交上张骞出使西域、郑和七下西洋，等等，都表现出了中华民族的开拓创新精神。中国历史上，先后出现了商鞅变法、胡服骑射、北魏孝文帝汉化改革、王安石变法、张居正改革等变法维新，表现出中华民族强烈的开拓创新精神。在近代的浪潮中，面对西方文明的汹涌冲击，中华民族并未退缩，而是焕发出前所未有的创新精神，高喊出"穷则变，变则通，通则久"（《周易·系辞下》）的呼声，勇于挑战陈旧的思维桎梏，摒弃与时代脱节的理念。凭借"天变不足畏，祖宗不足法"（《宋史·列传第八十六》）的革新勇气，中华民族在器物、制度、文化等多个领域实施了深刻的变革，最终实现了如同凤凰浴火重生的壮丽景象，再次傲然挺立于世界民族前列。

这些精神是中华民族几千年来始终能保持旺盛活力的精神之源。当前，实现中华民族伟大复兴的中国梦，全面建成社会主义现代化强国，仍需用中华优秀传统文化中的这些精神宝藏激发中华儿女自强不息、居安思危、勇于担当和开拓创新的精神。

二、优秀传统文化对现代大学生的导向作用

（一）有利于完善大学生的人格

在深入研究和接触中华优秀传统文化之后，我们可以清楚地看到，优秀传统文化格外强调个体的思想道德培育，并聚焦于品德教育和个性塑造。它所倡导的"讲仁爱、重民本、守诚信、崇正义、尚和合、求大同"的核心价值不仅是对传统文化中人性价值的深刻提炼，也体现了当代人自我修养的精神内核，对青少年的道德成长具有深远影响。因此，优秀传统文化所蕴含的高尚道德精神无疑是我们构建社会主义社会的宝贵资源，忽视或放弃这一文化传承，就相当于割断了文化发展的根基。

我们秉承以人为本的教育理念，借助丰富的传统文化，致力于塑造大学生的品格。我们着重培养大学生"自强不息、厚德载物"的坚韧品质，"重义轻利"的道德观念，"以诚待人"的真诚态度，以及"立己达人"的胸怀。同时，我们致力于激发的"仁爱之心"与"博爱情怀"。我们引导大学生养成"吾日三省吾身"的习惯，帮助他们树立坚定的理想信念，鼓励他们无畏前行，为成功之路铺就基石。这是我们在人学思想的指导下，对大学生实施传统文化教育的核心宗旨，目标是将大学生培养成拥有红色基因和专业技能的社会主义事业的建设者和接班人。经过中华优秀传统文化的滋养，大学生将塑造更加完善的人格，减少成长道路上的困惑与冲突，构筑和谐的人际关系网络。他们不仅将传承和发扬中华民族的精神瑰宝，还将坚定对社会主义的信仰，勇敢地肩负起新时代的使命，为国家的繁荣昌盛贡献力量。

（二）有利于优化大学生的生活状态

作为社会的基石，人类的生活状态对于社会的演变和成长具有举足轻重的作用。一个优越的生活状态不仅能够增强人们的幸福感，更是社会持续进步的动力源泉。在当今这个日新月异的时代，虽然物质需求得到了基本的满足，但衡量生活状态的标准已非单纯的物质丰富，更重要的是人们的精神世界是否得到满足。

在多元价值观与网络文化的交织下，当代大学生正面临着前所未有的生活挑战和压力，这些压力已深刻渗透到他们的思维逻辑、日常生活及行为决策之中。然而，正是在这样的背景下，优秀传统文化的熏陶显得尤为重要。它能够在无形中塑造大学生的思想观念、价值判断及认知模式，进而改善他们的生活状态，提升他们的生活质量。

在教育层面，优秀传统文化对大学生的影响深远。通过深入的学习，大学生的人文素养和精神世界将会得到显著的拓展和提升，进而使整体的精神风貌达到更高的层次。优秀传统文化的精髓正体现在其道德观念的深刻内涵之中。大学生在接触和学习的过程中，会不自觉地受到这些理念的熏陶，从而增强自身的人文修养，丰富自身的精神世界。例如，中华优秀传统文化所倡导的"礼、义、廉、耻"的道德准则，不仅能够塑造大学生的荣辱观，还能加强他们的责任意识。正如《管子·牧民》中所言："礼不逾节，义不自进，廉不蔽恶，耻不从枉。"这种教育不仅能使大学生行为得体，还能促进社会的和谐与进步。

此外，传统文化教育在增进人际关系的和谐与减少冲突方面起着至关重要的作用。孟子在《孟子·滕文公上》中提出的"五伦说"，即"父子有亲，君臣有义，夫妇有别，长幼有序，朋友有信"，深刻揭示了各种人际关系的温馨与和谐。《论语·八佾》中所述的"君使臣以礼，臣事君以忠"的典范，以及《礼记·祭义》中强调的父子间"孝有三：大孝尊亲，其次弗辱，其下能养"的准则，都为我们处理人际关系提供了宝贵的借鉴。同时，孟子在《孟子·离娄下》中提出的"言不必信，行不必果，惟义所在"的社会人际交往原则，更是强调了道义在人际交往中的核心地位。

显然，对大学生进行优秀传统文化教育的意义非常深远。通过深入钻研并践行优秀传统文化的核心，大学生们能够真切体会到这些卓越文化如何正面塑造他们的成长轨迹和日常生活，进而为他们的学习和生活提供指引，让他们领悟到文化的博大精深。同时，这些文化中蕴含的修身之道、道德规范等无疑会成为大学生们缓解精神压力、改善精神风貌的良药，能为他们解答生活中的种种疑惑，最终优化他们的生存状态，促进他们精神层面的成长和生活的美满。

除了以上所述，对大学生进行优秀传统文化教育，还承载着多重深远意义。从高校视角出发，这不仅是积极响应国家号召、培育德才兼备的杰出青年的重要方式，更是坚定执行立德树人教育理念的关键步骤。从文化的传承与创新层面来看，这样的教育有利于我们守护和更新传统文化，使其与时俱进，持续焕发新的活力。从国家层面而言，此举能够显著增强我国的文化软实力，为构建文化强国提供强大支撑，进而在国际舞台上为中国文化赢得更多赞誉。对于大学生个体而言，学习优秀传统文化不仅可以丰富他们的文化素养和文化内涵，强化文化认同感，还能促使他们自我反思，完善人格，迅速成长为具备高度责任感的中国新青年，为祖国的繁荣昌盛贡献青春力量。

（三）有利于增强大学生的文化主体性

"文化主体性"的概念源自社会学界的巨擘费孝通先生，其核心要义在于主张本土文化应主动融入现代化的大潮。随着时间的推移，这一概念不断深化，意指在全球化背景下，本土文化在坚守自我认同与自信的同时，也应开放心态，汲取外来文化的精髓，以创新的姿态推动本土文化的繁荣发展。这一过程中，随着人们对自身在文化演进中核心角色的深刻认知，文化主体意识得以激发，独特的文化主体性得以构建。这种主体性的增强又如同催化剂一般，极大地推动了文化的繁荣与兴盛。详细来看，这种文化主体性涵盖了自主性、自觉性以及自为性等多元维度，展现了人在文化发展中的核心作用。

归根结底，文化主体性是人主体性的核心要素，它深刻展现了人的内在力量。在当下这个日新月异的社会，外来文化与本土传统文化的交融与冲突使得文化发展出现了诸多失衡现象，个体的文化主体性也面临多重挑战。因此，在当前文化发展的脉络中，强化国民的文化主体性尤为重要。大学生身为传承与革新传统文化的核心力量，肩负着文化复兴的庄严使命。高校需进一步加深大学生对传统文化的理解和认知，引导他们从内心深处认同并珍视这份宝贵遗产，坚定对中华文化的自信。通过深入的传统文化教育，大学生能够全面领悟传统文化的价值及其在现代社会的意义，以开放和理性的态度接纳外来文化，积极改造和革新传统文化中与现代社会不相适应的部分，使其更好地融入现代化进程，实现文化的自我审视与自我强化。所以，对大学生进行传统文化的深度教育，对增强他们的文化主体意识、提升文化主体性至关重要。

（四）有利于大学生形成正确的价值观

文化是人类智慧的结晶，同时它也滋养着我们的精神。对于大学生而言，优秀的传统文化更是一盏指路明灯，引导他们形成正确的价值观。在这个价值观塑造的关键时期，大学生离家求学，开始独立生活，他们怀揣着强烈的自我意识，渴望展现自我并追求个人价值的实现。然而，在这个过程中，他们往往会忽视社会对于个人价值实现的深远影响。

在改革开放的巨浪中，随着全球文化的交融，国外如个人主义、功利主义和实用主义等思潮纷纷涌入我国，这对大学生的价值观造成了显著影响。若未能明智地辨别与把握，这些观念极易导致价值观的偏离，对塑造正确的价值观构成潜在威胁。然而，我们拥有深厚的优秀传统文化底蕴，其蕴含的仁义礼智信的人生准则、忠孝廉耻勇的个人品质及温良恭俭让的道德标准，正是我们民族代代相传的宝贵财富，也是我们确保中华民族持续繁荣发展的高尚道德基石。

针对大学生实施传统文化教育，意在深入挖掘并发挥"文化育人"的深远意义。通过这种教育，大学生们不仅能领略到文化的浩渺与深邃，更重要的是，在思想碰撞激烈的时代，他们能保持理想的纯粹，坚守自我立场，积极捍卫和传承中华优秀传统文化。这样的教育将引导他们树立正确的价值观，使他们以文化为指引，实现个人价值的最大化。

三、中华优秀传统文化促进世界和平发展的功能

中华优秀传统文化既属于中国，也属于世界；既具有中国价值，也具有世界价值。一方面，当今世界人类面临许多突出难题，经济增长乏力、地区发展不均、生态环境恶化等问题严重威胁着世界的和平与发展，中华优秀传统文化有助于这些问题的解决。另一方面，中华优秀传统文化富有民族特色，具有无穷魅力，是人类文化的优秀组成部分，能给世界其他国家的人民带来精神享受。

（一）以和为贵的发展理念

在如何实现发展的问题上，世界历史上曾产生过两种相反的发展理念："争"的发展理念与"和"的发展理念。历史上，许多国家和民族通过"争"的方式实现富强，特别是 15 世纪以来，一些西方国家通过掠夺的方式谋求国家发展，给人类带来了深重灾难。当今世界，局部战争不断，地区冲突频发，世界大战的危险仍在，其根源就是一些国家和民族根深蒂固的"争"的发展理念。同时，人与人之"争"、人与自然之"争"导致了个人主义恶性膨胀、生态环境严重破坏等人类难题。

与"争"的发展理念相反，中国古人主要选择了以和为贵的发展理念。《论语·学而》说："礼之用，和为贵。先王之道，斯为美，小大由之。"《周礼·天官冢宰·大宰》也说："以和邦国，以统百官，以谐万民。""和"在中华优秀传统文化中占有重要地位。

以和为贵的发展理念主要包括以下两方面：一是对内致力于和谐发展，这涵盖了人与自身的和谐、人与人的和谐、人与社会的和谐以及人与自然的和谐。"和也者，天下之达道也。""致中和，天地位焉，万物育焉。"（《礼记·中庸》）这些都深刻体现了中国古代对于和谐的不懈追求。二是对外追求和平发展。中国古代在谋求国家发展、处理国际关系时主张采取和平方式。中国古人认为"以力服人者，非心服也，力不赡也；以德服人者，中心悦而诚服也"（《孟子·公孙丑上》），提倡"远人不服，则修文德以来之"（《论语·季氏》）。例如，明代郑和七下西洋，对沿途国家秋毫无犯，充分说明了中华民族以和为贵的发展理念。

（二）公平正义的价值追求

唯利是图的价值追求，是人类历史上许多问题产生的重要原因，当今世界的很多问题也都可以视为唯利是图价值追求的结果，解决这些难题必须转变唯利是图的价值追求。中华优秀传统文化中公平正义的价值追求正确处理了"利益"与"公平""正义"的关系，能够给解决当前许多人类难题以重要启发。

追求公平正义并不是否定利益，而是正当处理公平与利益、正义与利益的关系，从而"兴天下之利，除天下之害"（《墨子·兼爱中》）。近年来，在处理国际关系问题上，我国坚持"正确义利观"。"正确义利观"正是中华优秀传统文化中的重要内容，对当代人类正确处理"义"与"利"的关系、解决人类难题具有重要的启示意义。

（三）辩证综合的思维方式

中国注重辩证综合的思维方式，有利于解决人类面临的许多难题。

中西思维方式各有特点。一般认为,西方注重逻辑分析,中国更注重辩证综合,表现为重整体、讲辩证、尚体悟的思维特点。逻辑分析的方法对人类文明,特别是科技文明做出了巨大贡献,并仍是当代重要的思维方式之一。中国辩证综合的思维方式在解决当代人类难题方面有一定优势。

一是注重从整体看局部,把万事万物看成紧密联系的整体,从而主张从局部现象观察整体问题,从整体角度解决局部问题。

二是注重以辩证促平衡,深信万物之中皆蕴含着对立与统一的深刻哲理。只有以辩证的视角去洞察和把握这些对立统一的关系,我们才能避免偏激,实现动态的平衡,进而达到和谐共生的境界。比如,针对生态环境问题,《吕氏春秋·孝行览·义赏》说:"竭泽而渔,岂不获得?而明年无鱼。焚薮而田,岂不获得?而明年无兽。"这就是把眼前利益和长远利益辩证统一起来,以辩证的方式促进平衡。现代人类以"竭泽而渔""焚薮而田"的方式消耗地球资源,必然造成生态环境的破坏。

第三节 中华优秀传统文化的当代价值

自古以来,中华优秀传统文化在价值引领、民族凝聚与心灵激励等维度扮演了不可或缺的角色。面对当前的国际风云、国内发展的蓬勃态势及全球生态的挑战,我国推出了"五位一体"的战略构想。这一构想的直接指向是力求在政治、经济、文化、社会、生态等五大领域实现和谐共进的发展格局。其深层次的追求,则是为民众的生活与工作创造一个优越的环境,进而推动社会的全面繁荣与进步。中华优秀传统文化源于古代人民的辛勤实践,我们应以史为镜,深入挖掘并发挥这一宝贵遗产的积极价值。

一、中华优秀传统文化的宏观价值

一旦传统得以确立,它便为文化的演进铺设了坚实的基石,并成为我们赖以生存的文化土壤。中华优秀传统文化不仅刻画了当代中国人的文化面貌，其深远影响更是跨越国界，对全球其他文化同样具有普遍而重要的启示意义。

（一）中华优秀传统文化对中华民族的当代意义

数千年来，传统文化始终是中国人民精神的寄托与归宿，支撑着中华民族繁衍生息，传承历史荣光，开辟崭新未来。然而，自近代中国被裹挟进现代化浪潮，传统文化遭遇了前所未有的反传统思潮冲击。尽管我们的文化根基并未如其他文明般断裂，但许多珍贵的文化元素似乎正在悄然流失。在道德层面，有些人虽自诩道义卫士，却助长了社会的不良风气。而传统文化的精髓，正是强调个体的主体性和高度的自我觉醒，倡导内敛自省和"少说多做"的实干精神。

实际上，所有真实的历史都是当代视角的映射。在历史的洪流中，传统文化犹如坚固的基石，支撑着我们的发展。我国传统思想文化的根基深深扎根于社会生活的土壤，它凝聚了人们的思维观念、习俗风尚、生活形态以及情感表达。古代的思想文化对现代人的影响依然深远。这并非空谈，马克思主义之所以能在我国落地生根，正是因为其核心理念与中国传统文化有着深层的逻辑契合。例如，中国传统文化重视现实世界的价值、倡导辩证思考、追求和谐社会的理想、强调集体利益，这些正是马克思主义的核心要义。因此，当马克思主义传入中国时，人们自然而然地产生了共鸣，使其更容易为人们所接受和融合。

中国传统文化的深厚底蕴，构成了中国特色社会主义的基石，它是我们持续发展与进步的不竭动力。要真正理解和把握时代脉搏，我们需回溯其历史根源，从而找到认识的本质、理解的基础，进而坚定"四个自信"。

（二）中华优秀传统文化的普遍性价值

中华优秀传统文化的普遍性，核心在于其所蕴含的精神和价值对于全球各地的普遍意义。这种普遍性主要源自人类共通的三大核心关系：与自然、与他人、与自我。从古至今，这些关系一直是推动人类发展的重要动力。特别是在后工业化时代，这些关系更是成为全球关注的焦点，其中，人与自然的关系尤为重要。面对愈发严峻的生态危机及其引发的一系列连锁反应，中西方的思想家纷纷从中华优秀传统文化中寻求智慧，以求解决之道。

中华文明对外部世界秩序的政治构想和应对策略的核心是"礼治—德治"。

中华优秀传统文化的普遍性首先表现在人与自然的关系上。与西方崇尚并征服自然的观念不同，中华优秀传统文化深深根植于对自然的崇拜，并寻求与之和谐共存的智慧。我们倡导的"天人合一"理念，不仅指导着人与自然的关系，更是深刻地反映了人类内在的超越精神，以及对孕育万物的自然深深的尊重与感恩。这是一种"民胞物与"的价值观，蕴含着深厚的道德伦理底蕴。

在处理国际关系时，中国所坚持的亲、诚、惠、容的外交原则，正是和谐文化的生动写照。在人与社会的关系上，我们强调的是责任和义务，提倡对社会的付出与奉献。历史的长河中，我们创造了无数的伟大发明，但这些发明者并未将其视为个人私利的工具，而是乐于与人分享。

在人际交往中，我们坚守"己所不欲，勿施于人"的原则，倡导换位思考，以促进对他人的理解与实践理性。这一理念在现实生活中已在全球范围内得到认同与弘扬。

二、中华优秀传统文化的时代价值内涵

（一）借鉴启发价值

中国历史悠久，积累了丰富的历史经验，形成了鲜明的发展理念，产生了深刻的治国理政智慧，其中的优秀部分至今仍具有巨大价值，能够为今天中国的发展提供有益的借鉴启发。

1．提供历史经验借鉴

中国历史上创造过很多值得称道的盛世，如汉朝的"文景之治"与"汉武盛世"，唐朝的"贞观之治"与"开元盛世"，明朝的"永乐盛世"与"仁宣之治"，以及清朝的"康乾盛世"等。在这些时代，国家能够保持长期的社会稳定、政治清明、经济发展、百姓安居、民族和谐、文化繁荣，因此成为后世借鉴成功经验的典范。以"贞观之治"为例，《贞观政要·论政体二》记载，当时社会"商旅野次，无复盗贼，囹圄常空。马牛布野，外户不闭。又频致丰稔，斗米三四钱"。"贞观之治"的成功经验主要有以下几点：一是以民为本，致力于治国安邦。民安则国安，民富则国富，民强则国强，以民为本抓住了治国安邦的关键，找到了富国强军的捷径。二是任贤纳谏，共图天下大治。历史学家范文澜指出："纳谏和用人是唐太宗取得政治成就的两个主要原因。"三是修德遵法，促成安定和谐。修德和遵法是贞观年间社会治理层面的两种重要理念，如车之两轮、鸟之双翼，相互配合，相得益彰，共同促成了贞观年间社会安定和谐的局面。四是崇文尚学，推动持续发展。唐初摒弃了魏晋南北朝只重门第的选官制度，把学业优劣作为选人用人的主要标准，建立优待学子和重视学习的国家制度，还组织编写国家标准教材，从而为国家长治久安奠定了文化基础。实际上，历史上的这些盛世，其成功经验是类似的，这些成功经验对于今天的治国理政依然有着重要的借鉴价值。

成功经验固然值得借鉴，失败教训更是值得汲取。纵观中国历史，有些朝代"其兴也勃焉，其亡也忽焉"，如秦、隋；有些朝代盛世之后逐渐衰弱，如汉、唐；有些朝代文武失衡，如宋代；有些朝代闭关自守，如明、清。总的来说，他们的失败有某些共性的教训，尤其值得后世引以为戒。

2．提供发展理念启发

中华民族在长期的发展过程中形成了极具民族特色、极为深刻博大的发展理念，对中华民族的发展壮大产生过极其重要的影响和作用，对于今天的治国理政仍具有重要启发意义，尤其是以下发展理念。

（1）"民惟邦本"的理念。"重民本"是中国古代治国理政思想的精华。早在《尚书·五子之歌》中，古人就记载了夏禹"民惟邦本，本固邦宁"的民本思想。总的来看，中国古代民本思想有以下几个层面内容：其一，把民心向背视为国家兴亡的关键。《左传·庄公三十二年》说："国将兴，听于民；将亡，听于神。"《管子·牧民》也认为："政之所兴在顺民心，政之所废在逆民心。"其二，把造福民众作为国家施政的重点。孔子主张："节用而爱人，使民以时。"（《论语·学而》）孟子主张实行"仁政"，要"省刑罚，薄税敛"，以达到"七十者衣帛食肉，黎民不饥不寒"（《孟子·梁惠王上》）的目标。

虽然历史上"重民本"的思想并不总能得到执行和贯彻，"民为贵，社稷次之，君为轻"（《孟子·尽心下》）的主张也往往流于口号，但这一思想毕竟得到了广泛认同，产生了积极影响。今天，我们既要从"民惟邦本"的理念中汲取思想精华，又要有所创新发展，在治国理政实践中坚持以人民为中心的发展思想，多谋民生之利，多解民生之忧，消除贫困现象，实现共同富裕。

（2）"德法合治"的理念。在如何治理国家的问题上，中国古代长期存在"德治"与"法治"之争，这尤其是先秦儒家和法家思想争论的焦点。儒家主张以"德"治国。孔子说："道之以政，齐之以刑，民免而无耻；道之以德，齐之以礼，有耻且格。"（《论语·为政第二》）孔子认为，在治国问题上，"法"仅能治标，而"德"才能治本，应该把"德"作为治国理政的核心理念。对此，法家持反对态度，主张以"法"治国。韩非子说："国无常强，无常弱。奉法者强则国强，奉法者弱则国弱。"（《韩非子·有度》）他认为国家只有依"法"而治才能变得强盛，因此主张"明王峭其法而严其刑"（《韩非子·五蠹》），"不务德而务法"（《韩非子·显学》）。

以"德"治国还是以"法"治国的争论在历史上深入而持久，但在历史实践中，"德法合治"实际上成为许多升平之世的治国原则。文景之治、贞观之治都是"霸王道杂之"（《汉书·元帝纪》），应既注重"德"治，又注重"法"治，将"德"与"法"有效结合。实际上，"德"治和"法"治是辩证统一关系。"夫礼禁未然之前，法施已然之后；法之所为用者易见，而礼之所为禁者难知。"（《史记·太史公自序》）"法"是硬性规定，督促人"不敢做"坏事；"德"是柔性倡导，教化人"不愿做"坏事。没有"德"治，"法"治将难堪重负；没有"法"治，"德"治将失去保障。"德法合治"的理念启示我们，在治国理政中要处理好"法"治与"德"治的关系，既要推进全面依法治国，也应注重道德建设，打牢依法治国的道德基础。

（3）"法古革新"的理念。中国古代，"德"与"法"之争伴随着"古"与"新"之争。所谓"古"与"新"之争，就是在治国理政上的"法古"与"革新"之争。"法古"者认为："遵先王之法而过者，未之有也。"（《孟子·离娄上》）他们主张"利不百，不变法；功不十，不易器。法古无过，循礼无邪"（《史记·商君列传》）。与此相反，"革新"者则认为："圣人不期修古，不法常可，论世之事，因为之备。"（《韩非子·五蠹》）他们主张"苟日新，日日新，又日新"（《礼记·大学》）。在历史上，"古"与"新"之争不断发生，商鞅变法、胡服骑射、王安石变法、戊戌变法等历次变法都交织着这两种思想的斗争，深刻影响着历史的走向。商鞅变法、胡服骑射中，"革新"理念占了上风，结果使秦国、赵国迅速变成军事强国。王安石变法、戊戌变法中，"法古"思想占了上风，结果两次改革最终都失败了，北宋王朝和清王朝也积重难返，最终走上王朝覆灭之路。

总的来说，在中国历史上，"法古"理念总是强于"革新"理念，这一情况一直持续到晚清。实际上，"法古"和"革新"与"古"和"新"一样，也是辩证统一关系。"法古"和"革新"不可偏废，好的传统要继承，坏的传统要革新。近代以来，"法古"派抱残守缺，阻碍了历史发展；而一些激进的"革新"派主张革除一切传统，"全盘西化"，甚至要抛弃汉字，这也不利于历史发展。"法古革新"的理念启示我们，在治国理政中要处理好"法古"和"革新"的关系，既要勇于改革创新，又要坚守优良传统，善于从优良传统中汲取改革创新的智慧和营养。

（二）德育教化价值

改革开放以来，我国在物质文明和精神文明两个层面的建设上取得了令人瞩目的成就。然而，相比之下，精神文明建设的步伐略显滞后，因此加强精神文明建设，提高全民族道德素质，在全社会培育和践行社会主义核心价值观，是一项重要而紧迫的任务。中华民族历史上形成了许多宝贵的德育教化资源，积累了丰富的道德教化经验，在今天依然能够发挥巨大价值。

1. 提供德育教化资源

中华民族是一个崇尚道德的民族，伦理道德在传统文化中占据着不可撼动的核心地位。《左传·襄公二十四年》中提出了"三不朽"之说，即"太上有立德，其次有立功，其次有立言，虽久不废，此之谓不朽"，并将"立德"放在"三不朽"的首位。孔子亦言："为政以德，譬如北辰，居其所而众星共之。"（《论语·为政》）他将"德"视为"为政"的核心所在。正因为如此重视道德，所以中国古人提出并形成了内容丰富、体系完备的道德规范，如儒家提出的仁、义、忠、诚、孝、悌、慈、敬等。这些传统美德是中华优秀传统文化的精髓，有着深远的历史积淀和深厚的民意基础，是中国老百姓几千年来认可、赞同、习惯了的道德规范，因此它们在古代曾发挥着重要作用。当前，我们倡导社会主义核心价值观，从某种程度上说，它是对中华传统美德的当代升华，是传统美德与时代精神的有机结合。因此，我们在培育和践行社会主义核心价值观的过程中，要注重用中华传统美德滋润心灵、教化大众。

2. 提供德育教化经验

中华民族自古以来就非常重视道德教育。早在夏商周时期官府就开设了

"校""序""庠"等官方教育机构，进行知识教育和道德教育。春秋战国时期，孔子主张"有教无类"（《论语·卫灵公》），主张对人民既要"富之"，更要"教之"。孟子也主张，统治者在解决了人民温饱问题之后，要对其进行道德教育，"谨庠序之教，申之以孝悌之义"（《孟子·梁惠王上》）。秦汉以来，历朝历代虽然主张的道德内容不同，但都重视道德教育，视德教为立国之本。几千年来，中华民族积累了非常丰富的德教理论和实践经验，探索了许多行之有效的德教方法，对于今天的道德建设具有很好的启发意义。

近些年来，中国的教育出现了一些偏差，如注重知识教育而轻视道德教育，注重道德灌输而轻视柔性教化，注重学校教育而轻视家庭社会教育等。这些偏差造成了学历高而道德低、能力强而道德弱等扭曲现象。中国传统道德教育中形成的注重循序渐进、循循善诱、家训家风的教育方法，是古人在长期教育实践中探索出来的行之有效的方法，能给我们今天的道德教育以有益启发。

（三）审美娱乐价值

在中华优秀传统文化中，传统文学艺术作品不仅数量大，而且质量高，是中华民族的文学瑰宝。从内容上说，传统文艺不仅包括古代诗歌、散文、小说、戏剧等文学作品和绘画、书法、建筑、雕刻、音乐等艺术作品，还包括历史、哲学等方面的作品，如《左传》《史记》等历史著作，《孟子》《庄子》等哲学著作，都具有很强的艺术性。孔子说："《诗》可以兴，可以观，可以群，可以怨；迩之事父，远之事君；多识于鸟兽草木之名。"（《论语·阳货》）

文学艺术具有认识功能、教育功能、补偿功能和交际功能等多重功能，但最根本、最主要的还是审美娱乐功能。文艺作品的审美娱乐价值既包括直接丰富精神生活的价值，也包括间接提升精神品格的价值。中国传统文学艺术在今天依然具有这两方面的巨大价值。

1. 丰富精神生活

人类的生活包括物质生活和精神生活，人类的需要也包括物质需要和精神需要。人要满足衣食住行等生理需要，必须创造和消费物质财富。同样，人要满足精神需要，也必须创造和消费精神财富。文学艺术可能是人类最早产生、最为重要的精神财富，它通过特有的美感满足人类的精神需要，丰富人类的精神生活。中国传统文学艺术因其独特的艺术魅力，能够使人"兴感怡悦"，丰富人们的精神生活。今天，它依然可以通过娱乐、补偿、纾解等审美方式，缓解人们精神上的空虚、缺憾、郁闷等负面情绪，从而丰富我们的精神生活。

2. 提升精神品格

艺术的审美价值，除直接丰富人的精神生活外，还可以提升人的精神品格。

（1）净化心灵。人的心灵不仅有真善美，也有假恶丑，艺术的作用犹如以水洗物，可以通过审美活动洗涤心灵的狭隘、自私、虚荣、骄傲、仇恨、怯懦、贪婪、暴戾、嫉妒等，中国传统文艺同样具备这样的效能。比如，可以通过孟子"富贵不能淫，贫贱不能移，威武不能屈"的高洁，净化心灵中的贪婪；通过杜甫"安得广厦千万间，大庇天下寒士俱欢颜"的博爱，净化心灵中的自私；通过文天祥"人生自古谁无死，留取丹心照汗青"的义勇，净化心灵中的怯懦。

（2）陶冶情操。艺术在净化心灵的基础上，又具有陶冶情操的功能。它通过艺术美对人的刺激，如烧制陶器、冶炼金属一般，激发人的某种情感，使人具有相应的操守。中国传统文艺强调"文以载道"，主张用艺术承载道义，达到思想性与艺术性的有机结合。这样的文艺作品自然具有陶冶情操的功能。人们欣赏传统文艺的过程也是陶冶情操的过程，以阅读传统文学作品为例，阅读苏轼的诗词文赋，我们会被他乐观豁达的性格打动，从而陶冶追求旷达的情操；阅读《水浒传》，我们会被鲁达、武松等好汉的侠义之举打动，从而陶冶追求正义的情操；等等。这就是传统文艺陶冶情操的价值。

（3）提高品位。艺术的审美价值，还体现在提高人的品位上。

首先，欣赏传统文艺作品可以提高人的审美品位。中国传统文艺作品数量多、质量高，我们欣赏这些作品，可以提高审美品位，提升审美素养。欣赏传统文艺作品，对于文艺创造者来说，可以提高创造美的能力，从而创造出更好的作品；对于文艺欣赏者来说，可以提高欣赏美的能力，从而获得更多的审美体验。

其次，欣赏传统文艺可以提高人的精神品位。在欣赏传统文艺作品的过程中，人们欣赏美、辨别美的能力得到提高的同时，会带来精神品位的提高。例如，阅读《红楼梦》，一个人的审美品位会得到提升，其性情也可能会受到感染，从粗俗变得雅致，从野蛮变得文明，从卑鄙变得高尚，从而使精神品位得到提高。

（四）文化产业价值

随着知识和科技对经济社会发展的影响日益深入，文化与经济出现加快融合的趋势，文化产业作为一个向阳产业蓬勃发展。21 世纪以来，世界上的主要大国都非常重视文化产业的发展，文化产业已成为国家间竞争的新领域。中华优秀传统文化博大精深，与文化产业相辅相成、相得益彰，一方面，文化产业的发展有利于中华优秀传统文化的传承和弘扬；另一方面，中华优秀传统文化的优秀资源对于文化产业的发展也具有重要价值，表现为以下两点：

1. 为文化生产提供丰富的文化资源

文化产业的发展离不开优秀的文化资源。在文化资源中，历史文化资源是极为重要的资源。一些历史悠久的欧洲国家，如英国、法国、意大利等，其历史文化资源在其文化产业中都占有十分重要的地位。作为历史文化悠久的大国，中国历史文化资源非常丰富，这是我国文化产业发展所具有的得天独厚的优越条件。

2．为文化消费拓展强大的市场需求

文化产业的发展与消费者的文化需求数量和需求层次密切相关。一般来说，影响文化需求的因素包括消费者收入、消费者喜好、文化产品质量等几方面。随着人们收入水平的提高，文化产品的消费占比将逐渐加大，文化消费总量也将大幅提升。与此同时，我国消费者的受教育程度越来越高，这也将提升文化消费的层次。中华优秀传统文化不仅能够为文化产品的生产提供丰富的文化资源，而且可以为文化产品的消费拓展出强大的市场需求。中华优秀传统文化数量大、质量高，人们在传承和弘扬中华优秀传统文化的过程中提升了文化素养，提高了欣赏文化产品的能力，从而也扩大了对文化产品的需求。事实表明，作为文化产品的重要元素，中华优秀传统文化促进了文化市场的繁荣。

三、新时期优秀传统文化对社会主义建设事业的价值体现

（一）对社会主义政治文明建设的价值

政治文明，其本质乃是一种不断向前的政治演变历程，及其在这一历程中累积的积极成果的总和。当我们聚焦社会主义政治文明时，不难发现，它代表着人类政治文明的卓越典范。这种文明，是在马克思主义及其与时俱进的理论成果指导下，社会主义国家的执政党领导人民在实践中逐步取得的政治进步，包括进步的每一个环节、当前的状态以及最终所取得的成果。一个国家的政治发展道路并非是孤立存在的，而是与当前的国情紧密相连，同时深深植根于历史传统的土壤中。中华民族丰富的传统文化，特别是政治领域的智慧，为社会主义政治文明的建设提供了坚不可摧的基石。中国特色社会主义民主政治的发展正是汲取了这些传统政治、社会和文化丰富的养分。

1．民本思想有利于完善社会主义民主制度

作为中华传统文化的瑰宝，民本思想不仅在历史长河中闪烁着智慧的

光芒，更为当代社会主义民主制度的演进注入了深厚底蕴。民主制度的进步不仅是衡量党执政文明的重要标杆，更是党推动政治活动取得成功的先决条件。当前，中国已构建了一套独具中国特色的政治制度体系，涵盖人民代表大会制度、民族区域自治制度以及多党合作和政治协商制度，这些制度为民主建设筑牢了根基。因此，我们需不断精耕细作，精益求精地完善民主制度的各个环节，以推动中国特色社会主义政治文明持续迈向新的发展阶段。

中国的民本理念源远流长，其根源可追溯至遥远的古代，首次被明确记载于《尚书·五子之歌》中，其中写道："民惟邦本，本固安宁。"这句话深刻揭示了人民与国家之间的紧密联系，即国家的稳定安宁，源于人民生活的幸福与和谐。春秋战国之交，民本思想得到了更为广泛的推广与深化，其核心体现在安民、利民和勤政爱民三大方面。在这一时期，孔子、孟子、荀子等杰出的思想家都对民本思想进行了深入的探讨和阐述。汉代杰出思想家贾谊，对民本思想进行了详尽的梳理与总结。尽管这种传统的民本思想在本质上是服务于封建统治的，但其核心精神却具有不可忽视的深远意义。值得称道的是，中国共产党历代领导集体都明智地洞察到了这一精髓，并将其合理地继承与发扬。

基于这一视角，民本思想不仅是党和国家领导层在制定关键政策时的重要考量，更已深化为新时代民主实践的引领准则，持续推动我们健全社会主义民主体系。至关重要的是，这种思想极大地激发了公民对政治参与的热情，从而汇聚了民众的智慧，为我国社会主义民主制度的繁荣注入了不竭的动力。

2. 德法兼重有利于丰富社会主义法治理念

中华文化的深厚底蕴中，德治思想始终占据核心地位，强调以教化引领社会。长达两千年的封建历程，人治色彩鲜明，这无疑给我们的社会主义法治理念的发展与完善带来了不小的挑战。然而，值得注意的是，中华优秀传统文化中同样蕴含着法治的思想精髓。德法并重，既体现了"以德治国"的深邃智慧，也契合了"依法治国"的现代理念，二者相辅相成，共同构成了我国治理国家的根本策略。因此，在推进社会主义法治建设的道路上，我们应深入挖掘并吸收传统文化中的精华，持续丰富和完善我们的法治体系。

古代中国的治国策略可概括为"德主刑辅"或"王霸兼用"，既强调道德的教化作用，也注重法律的制裁功能。自夏商周到明清，古代法律制度的演进轨迹历历在目。尽管这些制度的初衷大多旨在维护统治阶层的权益，但其中亦不乏我国古代社会法治思想的初步显现。

社会主义法治的精髓在于依法治国，这一原则深深植根于党的依法执政理念之中，贯穿于政府依法行政的各个环节，并引导着公民依法行使权利、履行义务的整个流程。要实现法治，首要任务是构建一个健全的法律与制度体系，确保一切国家事务都能够在法治的轨道上运行。在此框架下，公民需依法行事，同时法律也应平等适用于所有人，对任何违法行为都给予应有的制裁。然而，过分依赖法治可能导致公众对法律产生冷漠感，因此，德治的重要性也不容忽视。我国领导层一直强调"依法治国"与"以德治国"并行不悖，两者相互补充、相互促进。法治应融入道德观念，而道德应成为法治的精神支柱。在推进法治建设的同时，我们必须增强法律对道德建设的正向引导，并充分认识到道德对法治文化的有力支撑。正因如此，将传统的德法并重的理念融入现代法治建设，不仅为社会主义法治注入了新的内涵，更为维护社会秩序提供了稳固的基石。

3. 中庸思想有利于稳妥推进政治体制改革

政治体制改革是社会主义政治制度自我革新、持续进步的关键路径。在当前经济改革不断深化的背景下，为了全面释放社会生产力，并展现社会主义制度的独特魅力，中国共产党已经描绘了政治体制改革的宏伟蓝图，旨在构建一个既以法治为基石，又充满生机与活力的社会主义政治新局面。

作为中国古代哲学的基石，中庸之道在治理国家与社会时，强调的是适度与平衡。这一原则倡导避免极端，旨在维护事物的本质与稳定，进而推动社会的和谐进步。在当前政治体制改革的进程中，我们需汲取中庸之道的智慧，确保改革与社会经济发展同步，以保障国家政治的稳健与持续进步。若改革脱离社会经济发展的实际，可能引发政治动荡，不仅改革目标难以实现，还可能阻碍经济发展，影响民众福祉。因此，中庸思想的适度原则为我们提供了一面镜子，让我们在现代与传统、中西方文化之间找到融合之路，为政治体制改革的深入发展提供了重要的参考与启示。

（二）对社会主义文化建设的价值

1. 中华优秀传统文化是构建社会主义核心价值观的传统基础

社会主义核心价值观的构建不可避免地与传统文化紧密相连，其必须深植于中华优秀传统文化的沃土。中国传统价值观蕴含着丰富的文化内涵，特别是以人为本、崇尚和谐、尊重德行和重视道义等理念，它们构成了中国数千年文化繁荣的基石。回顾孙中山先生在《三民主义》中的论述，他将忠诚、孝顺、仁爱、信义与和平等传统道德置于重要地位，这些道德观念实际上正是中华优秀传统文化的精髓，与我们正在构建的社会主义核心价值观有着许多共通之处。因此，深入挖掘和弘扬这些传统资源，不仅有助于我们重塑民族文化自信，还能进一步增强民族凝聚力，推动社会主义核心价值观的深入发展。

首先，我们探讨忠孝。在现代社会，忠诚的价值体现在我们对祖国的深情厚谊和对人民的无私奉献上。《孝经》深入探讨了忠孝的内涵，使其深入人心。孙中山先生曾强调，若我们能将忠孝之道发挥到极致，国家必将会繁荣昌盛。

其次，我们探讨仁爱。作为儒家思想的核心，仁爱倡导的是对他人的关爱与尊重。"仁者，爱人。"这句话出自《论语·颜渊篇》，凝聚了儒家仁爱的精髓。此外，墨家的"兼爱"思想也表达了类似的理念，这些思想早已深入中国人民的内心。

再次，我们探讨诚信和道义。诚信，作为中国人的基本道德准则，不仅在市场经济中具有重要作用,在政治、文化等领域同样具有不可忽视的地位。当前,一些社会现象,如官场贪腐、学术不端等,更多地反映了个人道德的缺失。在中国传统文化中,道义的价值远超过功利。当然,我们也应看到其中的不足,若能融入现代社会的核心价值观,积极倡导利益与道义的和谐统一,必将为社会的进步与发展注入强大的正能量。

最后,我们重申和平的重要性。自古以来,中华民族始终秉持和平的理念,其深厚的"和"文化不仅追求人际关系的和谐,也倡导人与自然、人与社会之间的和谐共生。这种理念对我们构建社会主义核心价值观具有举足轻重的指导意义,无论是在国家宏观层面、社会中观层面,还是在个人微观层面。

2. 中华优秀传统文化是提高国民素质的优秀资源

现代化建设的终极目标是实现人的现代化,即注重国民综合素质的全面提升,这涵盖了道德、智慧、体魄、审美和劳动能力的全面发展,以及心理素质的增强。文化的核心在于以文明教化人心,以人文精神培育人才,因此,国民素质的提升与文化有着千丝万缕的联系。中华民族优秀传统文化如同宝贵的矿藏,为我们提供了丰富的精神滋养。中华优秀传统文化中的卓越思想,如儒家注重内外兼修的圣人之道,道家倡导的无为而治哲学,墨家提倡的兼爱理念,以及法家对人性的深刻剖析,尽管不乏需要摒弃的消极元素,但其核心宗旨都是引导个体更好地融入社会。古代的经典之作,如四书五经、唐诗宋词等,均是我们宝贵的文化遗产。我们呼吁加强对这些优秀传统文化课程的学习,正是希望借此机会提升国民的道德修养和文化底蕴。

其实,众多行业早在古代就已兴起,传统文化中的典籍对于各行各业均有所记载,这些书籍无疑为提升国民的职业素养提供了宝贵的参考。例如,孔子的教育理念"有教无类"和"因材施教"在现代教育的发展中仍具有深远的启示意义;医学经典如《本草纲目》《黄帝内经》和《伤寒论》仍为医学从业者所必读，而针灸、拔罐等古老疗法也一直沿用至今。面对现代生活的快节奏和高压力，人们时常感到疲惫不堪，甚至陷入亚健康的困境。对此，古人提倡的"日出而作，日落而息"的生活原则，以及那些蕴含着心理舒适智慧的名言警句，都能够为我们提供宝贵的启示。

国民素质的提升，核心在于教化的深远影响。中国古代文明始终将教育视为推动社会进步的强大动力。中国传统教育的一大瑰宝，便在于其对价值观的精心雕琢。教育的真谛即始于德行的培育，追求人生的极致完美。在中国传统文化中，教育被视为民族持续繁荣的基石，我们从中汲取深厚的文化滋养，不仅提升了国民的整体素质，更为这片土地注入了源源不断的文化活力。因此，深入挖掘并传承这一宝贵文化，同时与现代实践相融合，赋予其新的时代意义，无疑将极大地推动我国国民素质的整体提升。

（三）对构建社会主义核心价值体系的价值

中华优秀传统文化为社会主义核心价值体系注入了深厚的思想内涵，主要体现在以下几方面：

第一，"构建社会主义和谐社会"并非仅仅是党和人民的共同目标，更是深深根植于中华文化中源远流长的"和谐"精神。这种"和谐"又被称为"和合""贵和"或"中和"，它不仅是社会主义核心价值观的重要内容，更是中国传统文化的精髓所在。儒家文化尤其强调"和"的重要性，孔子视其为治理国家、人际交往以及礼仪制度的基石，他曾言："宽以济猛，猛以济宽，政是以和。"（《孔子家语》）他还提道"君子和而不同，小人同而不和"（《论语·子路》），凸显了和谐中的包容与差异。孟子则强调："天时不如地利，地利不如人和"（《孟子·公孙丑上》）突显了和谐在人际关系中的重要性。老子在《道德经》中亦阐述："万物负阴而抱阳，冲气以为和。"他认为，"和"是宇宙的本质，是万物生存的基础。墨子在《墨子·兼爱中》中提出"父子相爱，则慈孝。兄弟相爱，则和调。"进一步体现了"和"的广泛性和普遍性。

这些传统智慧为构建社会主义和谐社会提供了丰富的文化土壤和坚实的思想基础。

第二，民族精神的核心——"爱国主义"，深深植根于中华优秀传统文化的沃土，凝聚着团结、和平、勤劳、勇敢和自强不息的精髓。这种精神如同永恒的江河，流淌在民族文化的血脉里。在历史长河中，众多英勇无畏的爱国英雄用他们的辉煌事迹书写了一页页爱国主义的璀璨华章。孔子曾深刻阐述："志士仁人无求生以害仁，有杀身以成仁。"岳飞以"精忠报国"的誓言，为世人所铭记，文天祥在面临生死抉择时高喊"人生自古谁无死？留取丹心照汗青"，于谦则表达了"粉骨碎身浑不怕，要留清白在人间"的报国决心。这些故事都彰显了为国献身、忠诚不渝的崇高品质。

同时，范仲淹的"先天下之忧而忧，后天下之乐而乐"的忧国忧民情怀，顾炎武的"天下兴亡，匹夫有责"的责任感，林则徐的"苟利国家生死以，岂因祸福避趋之"的坚定信念，以及孙中山的"驱除鞑虏，恢复中华"的革命理想，都展现了个人对国家兴衰的深刻关注和责任。这种自强不息、积极进取的精神不断激发着人们的爱国热情。晚清时期，王韬在逆境中依然坚守"尚戴头颅思报国"的信念，谭嗣同更是在生死关头以诗明志，展现了他无畏的爱国情怀。这些无不体现了中华民族深厚的爱国情感和崇高的精神境界。

第三，源远流长的中华文化为社会主义核心价值体系中改革创新这一时代精神之核，构筑了不可动摇的思想根基。早在《周易·乾卦》中，古人便以"天行健，君子以自强不息"这一箴言鲜明地描绘了永不停息的进取精神。在中国传统文化中，"日新"一直被认为至关重要，正如《周易·系辞上》所述："日新之谓盛德"；《礼记·大学》也提及："苟日新，日日新，又日新。""二程"学派更是明确指出："君子之学必日新，日新者日进也。不日新者必日退，未有不进而不退者。"这无不展现了与时俱进、不断进取的创新精神。康有为在《论语注》中强调"德贵日新"，意味着日日创新是德行之高贵所在。这种以改革创新为基石的时代精神不仅激励着中华民族不断前行，更是当代中国人民创造活力、实现新业绩的不竭动力。

第四，在阐述中华文化的核心特质时，我们不得不提及它本质上是一种崇尚德行的文化。这种文化孕育了丰富的传统美德，这些美德成为社会主义荣辱观的坚实支撑。中国传统道德文化的精髓可概括为十个字：仁、义、礼、智、信、忠、孝、廉、耻、谦，教导我们要心怀仁爱，摒弃恶意；重视道义，不贪图小利而忘大义；恪守礼节，修身养性，避免无礼与莽撞；追求智慧与博学，拒绝孤陋寡闻；坚守诚信，不欺骗他人；保持忠诚正直，绝不叛逆奸诈；恪守孝道，尊敬长辈；保持廉洁自律，远离贪腐；有羞耻心，明辨是非；保持谦逊谨慎，避免专横跋扈。

中国五千多年的文明历史，孕育了博大精深的传统文化，这份宝贵的精神财富历经世代的薪火相传，已经深深融入每个中国人的心灵深处。它无声地塑造着我们的思维逻辑、心理特质、价值观念和行动准则，成为我们民族精神的灵魂所在。这份精神遗产，不仅是民族团结的纽带，更是增强民族认同、凝聚民族力量的稳固基石。因此，在构建社会主义核心价值体系时，我们必须深深根植于这份深厚的传统文化，汲取其精髓，确保其在社会主义建设的伟大实践中得到充分的传承和弘扬。

第二章 大学生校园文化生活

第一节 大学生校园文化概念辨析

一、高校校园文化的基本概念

一是狭义上理解校园文化。主要聚焦于学校教育体系中相对薄弱的艺术教育及其他各类文化活动。这些活动不仅包含各种社团运作，还广泛渗透到学生课余生活的诸多方面。在此定义下，校园文化更多地被视为补充和调剂课堂学习的课外文体活动，即"第二课堂"。这一领域为学生提供了丰富的文化氛围和精神滋养，成为他们全面发展的关键平台。具体而言，这一层面的校园文化旨在传播艺术知识，通过审美教育培育学生的审美能力和艺术鉴赏力。学校组建各类文化艺术社团，为学生提供展示自我、锻炼能力的舞台，并举办音乐会、画展、戏剧表演等多样化的文化艺术活动，极大地丰富了校园生活，使学生在参与中体验到文化的独特魅力和深远影响。然而，这种理解也有其局限性，它主要是将校园文化局限于学校的艺术教育和学生的课外文化活动，而忽视了校园文化在更深层次上对学生思想、道德、情感等方面的影响。实际上，作为一种独特的文化现象，校园文化对学生的影响是全方位的，不仅仅限于艺术教育和文化活动范畴。

二是广义上理解校园文化。不难发现，它实质上是教师、学生及职工等特定主体共同创造并积累的物质财富与精神财富的综合体现。校园文化不仅包含学校的硬件与软件设施，还涉及外显与隐形两个文化层面，这种理解更为全面深入。在此理解框架下，校园文化不仅体现在非物质文化层面，如教育理念、学术氛围、精神风貌等，更涵盖物质文化层面的展现。具体而言，学校的整体环境美观度与整洁度、教学教研设备的现代化与完备程度、教学内容的丰富性与前沿性，以及管理制度的完善与执行力度等，都是校园文化的重要载体。此外，全体师生员工共同遵循的价值观念准则以及由此孕育的积极向上的学校精神氛围，构成校园文化的精神内核。这一精神内核不仅指引着学校的发展方向，也激励着师生员工追求卓越，共同营造一个和谐、积极、向上的校园文化环境。

在校园文化的广阔范畴内，其内涵的界定源自多元视角与层面，既深刻剖析了基本特征，也揭示了深层本质。这些界定如同多面镜，从不同维度展现校园文化的独特魅力与丰富内涵，为我们全面深入地认识和理解校园文化提供了宝贵启示。具体而言，有的界定着重于校园文化的历史传承，视其为学校精神文化的重要组成，承载着传统、价值观和办学理念；有的则关注其教育功能，认为它是培养学生综合素质、塑造品格的关键载体；还有的从表现形式入手，探讨校园文化在学生活动、校园建设、师生关系等方面的具体体现。这些多元化的界定不仅丰富了我们对校园文化内涵的理解，也提供了更全面、更深入的视角来审视其在推动学校发展、促进学生成长中的重要作用。因此，我们应珍视这些界定，从中汲取智慧，为构建更健康、更和谐、更充满活力的校园文化贡献力量。综合来看，本书倾向于广义的理解，在本书中也是从广义的角度去进行理解和论述的。

高校校园文化不仅是其生存与发展的重要根基，也是区分于其他高校的关键标志与独有特征。它塑造了特定的文化氛围，人们对不同高校的初步感知往往源自其独特的校园环境与氛围，这正是校园文化的直观体现。高校校园文化直接映射出学校的物质与精神文化层面，是一种动态的、多维的群体性文化现象。

二、高校校园文化的结构

（一）角色因素结构

在深入剖析高校校园的文化生态时，我们不难发现，其内部角色构成了一个多元化的社群，这些角色可以明确地划分为学生、教师、职工和管理者四大类。这些角色不仅因其所处的位置和承担的任务而异，更因年龄层次、身份认同、日常任务以及所肩负的职责等多重因素，展现出各自独特的文化表现。

1. 学生文化

学生文化实际上是学生群体内在的价值观念、独特的思维模式、日常行为习惯以及他们独特生活方式的综合体现。作为教育对象及知识的接受者，高校学生展现出认同与逆反并存的双重态势，这一特性赋予了高校校园文化以显著的潜在活力。

在高校环境中，学生无疑是最庞大的群体。他们的学术追求、社团活动参与、宿舍生活体验、时尚趋势追随、精神风貌展现以及社会实践经历，共同构成了高校校园文化不可或缺的部分。其中，社团文化更是占据了至关重要的地位。学生社团是由志同道合的学生自发聚集而成的非正式团体，类型丰富多样，包括学术研讨、娱乐休闲、文艺创作、体能锻炼、志愿服务等。它们在大学生的个人成长和校园生活中都起到了极为关键的作用。

2. 教师文化

教师文化，作为一种凝聚了教师群体价值观、思维方式、日常习惯和生活方式的独特表达，展现了他们所掌握的学识和技能，以及使用的专业语言。高校教师不仅肩负着教育学生的使命，还积极投身于科研领域，他们的任务在于培养优秀人才并推动科学的进步。正因如此，高校教师文化成为一种独特的职业文化，深深扎根于高校校园，沐浴在浓厚的学术气息和自由的精神之中。教师作为知识的传承者，既承担着知识传递的责任，也肩负着创新的使命。作为知识分子，他们必须保持客观和公正，整合多元的价值观念，确保所传授的知识能够与时俱进，充满活力，而不是成为过时之物。这种特性让高校成为创新文化的摇篮，持续不断地孕育着新的思想和理念。

3．职工文化

学校后勤职工群体构成了校园服务的中坚力量，以其独特的方式展现出群体的特性，并在此过程中培育了独树一帜的文化氛围。作为学校与外界进行物质与能量交换的首要管理者，他们不仅为校园内的各项活动提供了坚实的物质支撑和宜人的环境，还全方位地服务于教学与科研工作，承担着"服务育人"的重要使命。

4．管理者文化

管理者文化全面映射了学校管理团队的价值观、思维模式、行为模式、工作风格及领导策略。在这个群体中，校长的地位举足轻重，因此，对校长角色的深入剖析成为管理者文化研究的重中之重。从全局来看，一位杰出的大学校长应怀揣对教育的深厚热爱，具有信念坚定不移、学识渊博广泛、擅长管理技巧、深入研究教育、勇于改革创新、以身作则树立榜样以及始终把育人放在首位等基本素质。

在校园文化的构建中，学校管理者文化占据着举足轻重的引领作用。他们的文化特质往往成为塑造校园文化风貌的基石。因此，作为学校的管理者，必须具备深厚的文化敏感度和意识，并将这种意识贯穿在日常的领导实践中。他们的职责是细致剖析本校学生、教师和职工文化的现状，同时善于引领与规划，致力于打造一个既充满活力、健康向上，又独具特色、个性化的校园文化氛围。

（二）形态因素结构

物质文化、制度文化、精神文化，作为文化的核心构成与具体展现，同样适用于高校校园文化的构建。因此，高校校园文化可细分为物质文化、制度文化以及精神文化三种形态。

1．校园物质文化

校园物质文化，作为校园文化的一种空间化表达，更是其物质化的承载者。它涵盖了大学在教学、科研、管理、生产以及生活等各方面的资源以及整体校园环境，深度展现了高校的远大理想与人文情怀。

具体而言，物质文化作为校园文化的显性标志，不仅反映出校园文化深厚的历史底蕴和独特风格，更是支撑和推动其他文化形态发展的坚实基础。对于大学生的成长而言，物质文化如同一股潜移默化的力量，起着"润物细无声"的重要作用。

2. 校园制度文化

校园制度文化是指在校园内个体交往互动中所形成的社会关系网络及其配套的规范体系。这一体系涵盖了教学科研的规章制度、组织管理的标准条例，还涵盖了学生必须遵循的行为规范、日常习惯以及礼仪等要素。它借助强制性与非强制性力量（尤其强调非强制性力量的运用，即便采用强制手段，也往往采取间接方式）来维护文化价值的共同认知，同时塑造和约束每个成员的精神世界和行为方式。

构建校园制度文化无疑是学校实现管理规范化、科学化的核心途径。一个优质的环境与严谨的规范体系，对校园内的不良行为有着显著的震慑作用，促使每个成员自觉地将这些规范内化，从而使他们的行为与社会期望相符。因此，校园制度文化不仅是指导校园成员行为交往的准则，更是维系校园人际关系的桥梁，同时，它也是评估校园文化活动质量的重要标准。若此标准不完善，个体行为将失去约束，群体秩序将会难以维持，学校也将陷入一片混乱。

在校园文化的多维架构中，校园制度文化犹如一座桥梁，连接着物质与精神的双重世界。它不仅为物质文化设定了明确的边界，深刻地体现了校园精神文化的核心内涵，更在无形之中引领着两者的演进方向，在文化结构中占据了不可或缺的中心地位。

3. 校园精神文化

校园精神文化，实为校园人精神世界的全面体现，其融合了人们对世界的深刻理解与理论积累，包括书籍、知识、课程等文化形态；同时涵盖了言语与非言语的交流方式，即行为文化的展示；更进一步地，它还涵盖了校园内的艺术活动和成果，即审美文化的体现。此外，这种精神文化还深深植根于人们的认知方式、创新能力、思维模式以及价值观念等深层的心理特质。

校园精神文化由认知要素、情感要素、价值要素和理想要素四大要素构成。首先，认知要素涵盖了对社会文化、办学及教育规律的深入理解和认识；其次，情感要素它体现了师生对学校的深切认同，对工作和学习的热情，以及他们展现出的责任感与奉献精神；再次，价值要素代表了校园共同体的价值导向，学校管理致力于将这些价值观转化为全体成员的共同追求和行动目标；最后，理想要素反映了师生对学校未来发展与完善的热切期盼，与价值要素共同构筑了校园人的精神支柱、行为准则以及内部凝聚力和驱动力。这种精神文化营造的氛围潜移默化地影响着每一个个体，塑造着他们的行为模式，引领他们向着共同的目标迈进。

校园精神文化作为高校文化的精髓和内核，是其深层架构的基石，深刻反映了一所高校的独特本质和风貌。因此，"北大精神""复旦情怀""南开风采"等高度凝练的概念应运而生，成为这些高校文化的独特标志。其中，价值观无疑是校园精神文化最为内在且深刻的要素，它潜移默化地影响着校园内每个人的行为举止，渗透于校园文化的每一个角落。

三、高校校园文化建设的重要意义

学校的整体形象实际上是其内在精神和价值观念的直观体现，具有显著的导向作用。校园文化旨在通过环境的熏陶来达到教育人的目的，在培养人才方面扮演着至关重要的角色。校园文化建设的核心追求是创造一个别具一格的环境，不仅致力于培养学生的高尚道德情操，塑造其健康的人格特质，更致力于全方位提升他们的综合素养。因此，校园文化建设亟待加强，应充分利用全体师生在这一过程中的主体地位构建一个由所有成员共同参与、共同建设的校园文化体系。同时，树立全体成员共建校园文化的意识，从学校领导到每一位教师、学生以及教职工都应高度重视并积极参与到校园文化建设中来。校园文化在实现高校培养目标的过程中发挥着举足轻重的作用，这决定了其成效并非靠校内某个部门的努力就能达成，而是与学校工作的各方面都息息相关。校园文化在贯彻落实党的教育方针、提升办学水平以及提高人才培养质量方面均扮演着重要的角色。正确认识和把握校园文化的功能与价值，是加强校园文化建设不可或缺的重要内容。

（一）高校校园文化对社会文化的引领

大学作为教育组织机构，具有很多功能，如传授先进知识、培养高等人才、研究新技术和新学问等。大学是知识的创新地与集散地。高校作为传承、传播、创造先进文化的重要场所，承担着重要历史使命，引领中国特色社会主义文化建设，主要体现在以下几方面：第一，传承和传播文化知识。高校凭借自身聚集的众多高素质人才，以及在教育、科研和创新能力等方面的优势，充分发挥文化理论建设、研究和传播的引领作用；第二，培养高层次人才。高校培养高层次人才的职能使其肩负着培养德才兼备的优秀人才的重任，包括培养国家建设和民族振兴所需的文化建设领军人物的任务。大学是新知识、新思想、新理论的摇篮，是国家发展的人才库、思想库和智囊团。在文化理论研究和建设中，它引领着社会进步的方向。第三，文化创新。校园文化研究与实践的主动性使高校成为文化理论研究创新和文化体制机制创新的源泉。第四，推动形成良好社会公德。先进的大学人文建设对社会良好风气的形成具有积极影响。

所以，一方面，高校一定要清楚自己的责任与使命，加强文化建设，坚持以人为本，努力构建开放性、多元化的校园文化。大学校园是先进文化的播种机，是文化交流的平台，因此，高校要具有一定的创新精神，提高校园文化的整体水平。另一方面，高校要充分发挥引领作用，坚持做到文化自觉、自信、自强，促进文化繁荣，带动社会发展。

在新的时代背景下，高校在传播知识的基础上，鼓励广大师生参与到社会活动中去，因此，高校对于社会发展发挥的作用不断扩大。广大师生将其研究成果直接带入社会活动，与社会发展产生了深入且密切的联系，为社会发展与进步提供了强大的动力。大学从来都是新理论、新思想的诞生地，很多思潮和运动都源于此，其先进性一直深深影响着社会的发展。大学通过培养人才、传承文化、开展科学研究等职能为社会的发展贡献着自己的力量，所以校园文化不但要育人，还要引领社会文化，并利用先进文化的引领作用使社会文化和地方文化的品位得到提升。

为了使文化事业得到快速发展，大学可以根据当地的社会发展需求，尽可能利用自身的特点和优势，通过各种形式贡献自己的力量，主要体现在以下几方面：第一，为文化事业的发展培养所需的人才。高校可以通过研究当地的发展需求设立专业，并改善专业结构，拓宽办学渠道，根据文化市场的发展方向，着力培养和发展文化事业所需要的各种人才，如新闻传媒、文学创作和策划型人才，以及电子出版、动漫等科技人才，从而满足文化市场对人才的需求。第二，可以与当地的文化主管部门进行交流。二者可以共同组织委托培训、定向培训等活动，地方文化主管部门可以委派相关人员到高校进行学习，也可以与高校联合办学、短期培训，以社会公共娱乐文化活动的形式提供服务，建立文化产业，承担文化人员的继续教育任务。第三，可以通过与区域之间建立和完善信息交流平台，实现校园和区域文化的共享，通过报刊、电视、广播、网络等传播方式展示学校形象、发布学校信息，将学校的图书馆、校史馆等场地对学校学生以外的人群开放，并开展一些文化讲座，举办文艺演出，使学校更具开放性，发挥校园文化的辐射效应，营造浓厚的文化氛围。

（二）高校校园文化对高素质人才的吸引和培育作用

高校人文环境是校园文化的重要组成部分。一所高校人文环境的好与坏直接影响到其吸引力与凝聚力的大小。随着人事管理体制的改革，高校教师有了更多的自由和选择，他们将被更加适合自身发展的人文环境所吸引。高校如果能够在制度文化上做到管理与服务并重，在管理时更加人性化，在一定程度上更有利于留住人才。现在高等教育的人才竞争趋于白热化，引进人才难，留住人才更难，在客观条件相似的情况下，以情留人，为其最大限度地提供服务就显得特别重要。同样地，好的校园文化建设也大大影响着学生的择校方向。一所具有优秀校园环境的高校，在物质、人文、制度上都将成为吸引更多优秀学子前来学习的前提条件。高校校园文化应当坚持教育为本、德育为先的方针，把正确的政治思想放在首要位置，以培养更多优秀的高素质人才。

高校校园文化可以弘扬爱国主义、社会主义等主旋律。作为影响深远的环境因素，校园文化在学生的成长过程中起着无可替代的引导、熏陶和教化作用。优质的校园文化不仅能在思想上引领高校学生，从情感上熏陶他们，还能在意志上对他们进行磨炼和塑造。通过各种活动（包括社会实践）营造出一种积极向上的文化氛围，不仅有助于培养学生文明的举止，更能塑造他们高尚的思想，引导他们形成正确的人生观、价值观和世界观，真正起到培育高素质人才的作用。

第二节　大学生校园文化的特征与价值

一、高校校园文化的特征

经过长期的积淀与发展，高校校园文化孕育出了别具一格的风采，这是源于学校、教师与学生三方的共同努力，因为校园本身就是一个文化的熔炉。在这片独特的土地上，每一份行动和每一个活动都成为人类成长的烙印。人们在成长过程中做出的选择逐渐构筑了校园文化的基石，通过师生间的世代传承，最终孕育出绚烂多姿的高校校园文化。大学校园作为这片文化土壤的滋养地，使得校园文化扎根其中，以独特的文化形态在校园内绽放。

从本质上讲，校园文化独具鲜明的审美特质，这一特质是其他文化形态所难以媲美的。这主要归因于三个维度：首先，校园文化是物质、精神与管理文化的和谐统一；其次，校园中的各类活动都深藏着审美的内涵与学习的动力；最后，校园文化更展现了如建筑艺术般的独特审美风貌。因此，这种美感已深深融入人文精神，赋予了校园精神文化鲜明的审美特色。

（一）教育性与指导性

优质的校园文化在塑造师生正确价值观的同时，也扮演着规范个体行为的关键角色，确保个人与学校的价值观高度契合。这一成就的背后是学校对管理的严谨态度、合理的规章制度体系以及精神文化思想的有效引导，充分展现了校园文化在教育和引导方面的显著作用。校园文化的积极影响还体现在学校组织的多样化教学和文化活动中，这些活动旨在深化学生对校园文化的理解并将其融入个人价值观。在社会主义核心价值观的引领下，中国特色社会主义建设的步伐日益加快。作为教育领域的领军者，高校肩负着培养更多优秀人才，以推动中国特色社会主义事业发展的重任。因此，高校校园文化建设应明确其目标：坚守社会主义办学方向，提升学生的科学素养，坚守社会主义核心价值观，激发学生的创新精神，并培育其深厚的爱国主义精神。

根据校园文化建设的宏伟蓝图，我们必须明确校园文化的发展方向，致力于构建一个健康、科学、先进且高尚的校园文化环境。这一环境的最终目标，是培育出具备高素质与显著审美能力的学生个体。他们应当有能力自主抵御不良文化的侵袭，并在社会主义核心价值观的指引下，坚定精神文明建设的航向，并自觉产生建设精神文明的动力。在建设过程中，校园文化应具备丰富且鲜明的精神内涵，努力推动建设主体向全面发展的方向迈进。高校应组织多彩的教学活动，在传授和掌握理论知识的基础上，提高教师和学生的审美能力，促进其身心健康、积极向上地发展。

（二）批判性与超前性

社会环境对个体的成长与发展具有深远的影响。因此，就学生成长而言，学校应致力于构建和优化校园文化环境，营造一个美好、积极、向上的校园氛围。在此过程中，学校的建筑、景观、雕塑等物质文化元素应成为传递正确价值观的桥梁，让师生在潜移默化中受到熏陶，进而提升他们的思想道德素养。校园环境的精心打造不仅为校园文化的蓬勃发展奠定了坚实的基础，也大大增强了师生对学校及校园文化的认同感和归属感。学校应当进一步利用这种文化力量对师生进行深刻的思想教育，规范其行为，逐步培养其正确的行为规范，使师生在校园文化的滋养中散发正能量。

作为社会文化的重要组成部分，校园文化既具有超前性，又具备批判性。高校使师生与社会保持一定联系，但教师更注重理论知识的传授与研究，学生也以掌握理论知识为主要学习目标，虽与社会有关联却接触有限。正因如此，校园文化往往扮演着批判者的角色，对社会上的不良现象进行审视和批判，旨在引导学生树立正确的思想观念，规范自身行为。校园文化不仅能够推动着高校的发展，还能满足社会对人才的需求，凸显了其超前性。因此，在校园文化建设中，高校应当积极融入社会主义核心价值观，发挥其在文化领域的引领和先锋作用，为推动社会文化的繁荣与进步贡献力量。

（三）继承性与创新性

校园文化作为一种亚文化，不仅蕴含着独特的信念，还秉持着独有的价值观。随着时代的演进，这种文化在传承与创新中逐步展现出了其多元化的综合魅力。高校改革的深化及招生门槛放宽，让更广泛的学子有机会踏入这片学术的殿堂。然而，这也伴随着新的挑战——学生背景的多样化使得文化差异日益凸显。同时，改革开放的浪潮使传统文化与西方文化进一步交融，丰富了校园文化的色彩。因此，高校需积极创新校园文化，以调和不同文化间的差异，促进文化的和谐共生。这不仅要求传承原有的文化精髓，还要在此基础上进行创新，与西方优秀文化相融合。结合高校丰富多彩的思想教育活动，不仅能提升学生的文化素养，更能增强他们对校园文化的认同感和归属感。

学生和教师的个人行为，皆是学校文化管理和核心价值观的生动写照。鉴于高校师生普遍具备卓越的素质，他们在人际交往和日常行为中更能彰显出校园文化的独特魅力。在价值观上，高校师生追求更高层次的精神追求，不甘于平庸，勇于突破。校园文化建设应具有传承性，即在传承校园文化的基础上，以全体师生为主体进行创新，营造独具特色的校园文化氛围，这是全体师生的共同目标。在制定管理制度时，高校应依据有关部门的规定，结合学校的培养目标和自身发展愿景，精心设计和规划校园文化体系，以推动校园文化建设。同时，校园文化建设还应积极抵制社会中的不良风气，在融合外来文化时，应吸收其积极方面，摒弃其消极内容，以保持校园文化的健康与活力。

校园文化并不是独立的，它属于社会文化的一个组成部分。除了其他文化会对校园文化的发展产生影响之外，社会主流文化对其影响更大，校园文化如果脱离了主流文化就不会存在。由于社会主义文化的影响，校园文化变得更加具有包容性。在高等教育逐渐普及的情况下，高校之间的联系也变得更加密切，独立办学已不适用于当今社会的发展，联合办学、联合进行科学研究成为主流。另外，我国的大学与国外大学的互动也日益频繁，不只是国外大学文化影响着我国的校园文化，我国的校园文化也对国外的大学和社会产生了影响。

随着世界各国文化交流的日益密切，我国与其他国家的文化交流与融合也日益增强，这一趋势同样影响着校园文化，使其变得更加开放。作为开放性、包容性、多元性的典范，高校在校园文化建设上更应避免陈规俗套，而应以现代化、国际化的视野来推动其发展。高校管理部门应致力于落实管理制度，建设富有鲜明特色的校园文化，确保这一文化既能有效传承以往校园文化中的精髓，又能在此基础上实现创新。唯有如此，高校才能持续进步，真正焕发出鲜活的生命力。

二、高校校园文化的价值

（一）高校思想政治教育的主要载体

高校校园文化与思想政治教育工作之间紧密相连，彼此交融、互为支撑。从校园文化视角来看，其核心在于精神层面，涉及办学宗旨、教育哲学、学校道德风尚以及学风建设等方面，这些均深植于高校思想政治教育工作。同时，高校校园文化的形成与实施也需思想政治教育工作的坚实支撑。从思想政治教育工作的维度来看，其大部分内容都与学校教育活动紧密相连，融入并丰富了大学校园文化的内涵。

谈及高校校园文化与思想政治教育的联系，校园文化建设无疑成为它们紧密交织的纽带，更是实施思想政治教育工作的核心平台和有效方法。校园文化不仅是高校人文精神的鲜活展现，更在学生的实践活动中深深扎根，其育人作用独一无二。通过整合教书育人、服务育人、管理育人和环境育人，高校校园文化构建了一种全面的德育模式，营造出一个功能互补、全员参与的教育环境。在这种积极健康的校园文化氛围中，广大青年学生无论自觉与否，都会受到其影响和熏陶，从而不断升华和完善自我。此外，高校校园文化在促进大学生社会化进程方面也发挥着重要作用。它不仅注重对学生人格的培养，还为学生个性的发展提供了广阔的空间和机会，使学生在接触社会、增强能力和体验人生的过程中，能加速实现自身的社会化发展。

在深入探讨高校校园文化活动对思想政治教育的关键作用时，我们不难发现，这些活动以其健康愉悦、生动活泼且内涵丰富的特质直接且深远地影响着大学生的思想和行为模式。这种影响并非浅尝辄止，而是深入骨髓的，促使大学生在参与的过程中不仅享受到知识的乐趣，更是在无形之中塑造了自己的人生观、价值观和世界观。

具体而言，高校校园文化活动通过生动形象的展现形式使得大学生能够在愉悦的氛围中接受并吸收各类文化知识，这些知识不仅拓宽了他们的视野，也丰富了他们的内心世界。同时，这种教育方式有助于启迪大学生的智慧，激发他们的创新精神，让他们在面对复杂多变的社会现象时，能够保持清醒的头脑和独立的思考。同时，高校校园文化作为思想政治教育的载体，以其活泼生动的形式和积极向上的内容，深受群众喜爱，能够在潜移默化中收到良好的教育效果。

（二）培养高素质人才的内在需要

当今时代，各高校均以培养素质全面、具备创新能力和精神的人才为目标。为此，加强校园文化的建设，致力于营造高品质的校园文化氛围，对于培育高素质人才具有至关重要的积极作用。

首先，良好的高校校园文化有利于塑造大学生高尚的道德情操、健全的人格。当代大学生的身心可塑性强，但社会经验不足，缺乏对外界复杂事物的正确分析和判断能力。他们一方面渴望成长，希望得到他人和社会的认可，另一方面感性意识强，理性意识不足，缺乏实践经验。在学生的成长过程中，博大精深的高校校园文化像一个强有力的磁场一样，对学生有极强的吸引力和感染力。高校校园文化有时是有形的，如大学校园的一草一木、一砖一瓦、校园文化活动和目不暇接的学术讲座及学识渊博、态度和蔼的学者等；有时又是无形的，如历经岁月沧桑而凝聚的文化传统和大学精神。高校校园文化不管是有形的还是无形的，都能够在大学生身心发展的过程中起到良好的滋润作用，可以更好地对大学生的思想和行为进行规范和激励，帮助大学生对自己的人格进行完善，使自身的思想道德素质得到提升。如果高校具备良好的校园文化，就能够更好地引导学生的思想，陶冶学生的情感，锤炼学生的意志，塑造学生的人格，发挥环境教育的作用。高校校园文化对于大学生的成长具有深远影响。它不仅有助于培养大学生的文明举止，塑造他们高尚的精神风貌，更在全面提升其综合素质方面发挥着关键作用。同时，这种文化熏陶还有助于大学生形成正确的世界观、人生观和价值观，为他们培养良好的思想道德素质奠定坚实的基础，具有无可替代的积极作用。

其次，良好的高校校园文化有助于大学生职业素质和创新能力的培养。高校的核心职责是双重的：首先，致力于为社会精心雕琢人才；其次，追求学术创新，成为社会进步的引领者。在人才培养方面，我们着重于"德"与"才"的塑造。社会期待高校能培养出具备健全人格、独特个性、卓越职业素养和创新精神的人才。简言之，即"德才兼备"的杰出个体。创新精神是一个民族想要发展应该具备的重要品质，如果一个民族没有了创新精神，就会在科技飞速发展和社会激烈竞争的时代永远落后，然后逐渐衰落。因此，高校培养的人才一定要有创新意识。创新的前提是掌握优秀的理论知识，否则创新就会成为一句空话，成为无源之水、无本之木。高校的精神、物质、制度、行为等方面的文化在高校人才培养中有着重要地位，对大学生专业能力和创新能力的培养具有潜移默化的作用。校园文化活动还能为培养创新型人才提供渠道。例如，课堂教学是校园文化的一种表现形式，教书育人能够提高学生的专业素养和创新能力。在课堂之外，学校会根据大学生的爱好利用各种文化设施开展丰富多彩的文化活动，如知识竞赛、文化培训、文学沙龙等，开阔其视野，丰富其文化知识和专业素养，使其增强创新为荣的意识。

（三）提高高校核心竞争力的重要手段

高校核心竞争力是在长期办学实践中，经过不断积累与沉淀逐渐形成并深植于学校内在本质中的独特能力，是推动学校可持续发展的核心力量。这一竞争力主要体现为学校的文化能力、凝聚力、办学特色以及学校独有的办学资源和办学成果，彰显出学校深厚的底蕴和独特的魅力。它是长期积淀而成的，具有价值潜在性、资产无形性和能力完整性等特点，是高校综合实力的直接体现，全面反映了高校的发展水平、办学质量和社会声誉等。

高校的核心竞争力不仅体现于有形的外在物质层面，更深刻地体现在无形的大学精神层面。校园文化作为高校的灵魂和动力源泉，其先进性对于塑造学校的竞争力和凝聚力具有至关重要的作用。先进的大学校园文化能够凝聚人心、鼓舞士气，营造出自由的学术氛围和以人为本的育人环境，为学校的持续发展注入强大的精神动力。

高校校园文化之精髓深深植根于学校的生命力、创新活力以及感染人心的影响力之中，成了一种无法替代的软实力，对学校发展具有举足轻重的作用。这种软实力不仅是高校赖以生存和发展的基石，更是高校承担重大社会责任的根本保障。它赋予了高校独特的魅力和深厚的底蕴，使高校在激烈的竞争中脱颖而出，成为社会的瑰宝和引领时代潮流的灯塔。

自 20 世纪 90 年代中期以来，高校一直处于激烈的竞争中。各高校之间的竞争不仅表现在硬实力上，还表现在软实力上。高校校园文化正是软实力的核心组成部分，也是构成高校核心竞争力的关键要素。众多国内外知名高校之所以能够获得广泛认可，不仅是因为它们拥有强大的硬实力，更在于它们所展现出的深厚软实力。一所高校蕴含着深厚历史底蕴，秉持着历久弥新的办学理念，校训享誉四方，更以严谨治学的态度、求真务实的精神，营造出浓厚的学术氛围与校风，乃至师生间自然形成的行为准则，无不彰显着这所学校丰富的文化积淀和别具一格的校园文化。与硬实力相比，软实力作为一种无法量化的资产，其建设更为困难且尤为重要。硬实力或许可以通过资金投入来改善，但软实力的提升却需要长期的积累和精心的培育。

高校校园文化，作为一种无形的精神支柱，不仅起着引导的作用，更能激发人们的热情，鼓舞人们的精神，成为推动高校不断前进的内在驱动力。大学精神的形成并非自发或一蹴而就，它需要历史的积淀、传承与创新。回顾高校的发展历程，我们可以发现，每一所成功的高校都离不开大学精神的支撑，而校园文化正是传承和弘扬这种精神的重要载体。因此，高校应当深刻认识到校园文化对学校发展的深远影响，致力于塑造具有独特个性且能够适应时代发展的校园文化。通过这样的努力，高校的核心竞争力将得到显著提升，进而推动高校各项事业的蓬勃发展。

第三节　大学生校园文化的育人功能

一、高校校园文化育人功能及表现形式

（一）高校校园文化育人功能阐释

随着社会的迅猛发展，高校的办学条件得到了显著改善，开放办学已成为一股不可阻挡的潮流。在文化多元化的背景下，在校园文化的演进过程中，外部环境越发错综复杂。高校不仅需稳固支撑科研与人才培养，更需肩负起文化传承与社会服务的双重使命。然而，无论时代如何变迁，高校的职能如何拓展，其根本宗旨始终如一，那就是育人。高校应坚守以育人为本的教育理念，因为从根本上讲，大学是文化的殿堂，而校园文化对于学生的成长和学校的发

展都具有举足轻重的作用。

近年来，校园文化的育人功能在思想政治教育与文化研究领域得到了广泛关注。育人功能，即事物或方法所展现出的正面效应与效能，尤为显著的是校园文化在推动大学生综合素质提升与全面发展过程中所扮演的积极角色。因此，我们可以将其理解为，育人系统中的各要素相互作用后对大学生产生的正面影响。这种影响的根源在于文化在培养和塑造人的过程中所发挥的作用，以及优秀文化对个人的积极影响。与高校其他育人要素相比，校园文化育人的作用方式有所不同。课程因素和管理因素往往直接作用于学生的思想和行为，而校园文化则通过营造特定的文化环境，对学生产生潜移默化的影响。因此，我们应聚焦于校园文化的构建，深入挖掘并展现其在促进学生综合素质提升与全面发展中的正面效能。

（二）高校校园文化育人功能的表现形式

探讨高校校园文化在育人实践中的具体作用及其发挥机制，是理解校园文化在塑造价值观方面的核心角色的一项基础研究。高校校园文化凭借其环境的潜移默化、制度的规范作用及价值理念的引领作用，共同促进学生形成积极向上的价值观体系，进而促进他们的整体素质和修养的全面提升。

1．导向功能

高校校园文化通过其独特的价值体系，引导学生树立正确的价值观，既体现了校园文化在育人方面的内在力量，也是其追求的至高目标。作为中国特色先进文化的重要组成部分，校园文化应坚守先进文化育人的原则，以其蕴含的价值体系为依据，促进学生正确价值观的形成。校园文化具有自身的特性，能引导学生坚定政治立场，端正态度，培养正确的世界观、人生观和价值观，树立远大理想。这一功能的发挥深受社会文化环境的影响，中国特色社会主义文化为高校校园文化的育人功能提供了丰富的文化滋养。高校可以通过组织活动传递具有革命文化和先进文化内涵的元素，引导学生建立正确的价值取向。面对新的时代背景，高校需强化社会主义核心价值观的引领作用，助力师生构建契合时代精神的价值观框架。

2．熏陶功能

高校可以通过开展文化活动，使大学生在此过程中学到丰富的文化知识，促进素质教育的发展，同时有助于大学生情怀的塑造，使他们在良好的人文环境的熏陶下健康成长。文化具有软性力量，大学生可以在这个软性力量的作用下丰富自己的内心世界，从而影响他们思想的形成。可见，文化对人的影响是潜在且循序渐进的。校园文化具有可塑性的特点，因此，教育者可以重点打造良好的校园文化环境，利用良好的校园文化环境塑造大学生积极健康的思想观和道德观。教育者可以致力于将校训、办学宗旨等核心要素深植于校园文化之中，让大学生在日常生活的每一个瞬间都能感受到它们的积极熏陶，使其在不知不觉中持续升华个人的文化素养。

3．激励功能

高校校园文化，作为一种独具魅力的社群文化形态，蕴含着促使个体积极响应群体愿景的非凡能量。从心理学视角剖析，这一文化土壤由教师、学生及教职工这一紧密联结的社群共同滋养形成。在此社群中，大学生普遍怀揣着被认同与尊重的深切渴望，这份期许逐渐内化为一种驱动力，促使他们主动追求与群体共识的价值观及行为范式相契合，以满足自我实现的需求。

在教育培育的实践中，高校校园文化扮演着激发大学生内在潜能、促进精神文化素养提升的角色。这股精神动力促使大学生主动调整自我观念与行为，以契合高校社群的期望。此外，校园文化还深刻满足了大学生对文化熏陶的内在渴望，激发了他们在文化育人环境中的自我驱动力与主动性。其本质在于，校园文化从精神维度对大学生进行鼓舞，教育者借此强化学习动力，满足学生深层的心理需求，进一步点燃其自我激励的火花。在实施过程中，高校需精准地把握并期望与师生真实需求的交汇点，引领全体师生携手并进，共同迈向崇尚尊重与实现自我价值的精神高地。

4．约束功能

约束功能体现为高校通过其制度框架与道德评判机制的共同作用，塑造出独特的校园文化氛围，这一氛围在现实行为及心理层面深刻影响着师生群体。他们在这种力量的引导下自我调适言行举止，使之与校园文化所倡导的理念和标准相契合。此功能具体展现在两大核心方面：第一，高校校园文化通过制定并执行与教育、管理等相关的规章制度，对学生的行为进行管理与规范，对学生的违规行为实施处罚，从而实现其硬性约束的作用。第二，高校校园文化还展现出一种软性约束的力量，这也是其具备柔性影响力的关键所在。校园文化蕴含着丰富的内在结构，包括教育理念、办学宗旨、行为规范、价值追求以及舆论导向等多重元素，这些元素共同构成了一种内在且无形的约束力。

二、高校校园文化育人功能发挥的内在机理

高校校园文化在人才培养架构中扮演着不可或缺的角色，其育人功能至关重要。深入剖析校园文化育人功能的内在运作机制，对于精准把握其育人规律，进而增强校园文化在人才培养中的实际效果，具有极其深远的意义。

（一）高校校园文化育人功能发挥的要素分析

从根本上讲，高校校园文化的育人效应本质上是一种实践性教育行为，它紧密围绕着育人对象与育人桥梁等关键要素展开。

首先，就校园文化的孕育与演变而言，教师与学生作为核心驱动力，对育人效应的展现起着举足轻重的作用，尽管同为文化主体，但各自在过程中扮演着不同的角色——教师是文化育人的倡导者与引领者，管理人员则要辅助这一进程；学生则是文化"内化"与"教化"的直接受众，也是深受其熏陶的

主体。

其次，校园文化在育人层面展现出双重价值：它不仅是一股强大的教育驱动力，更是融合并促进多种育人元素的纽带。借助其深厚的价值理念和积极的精神鼓舞，校园文化能够有效地引导大学生塑造正确的世界观、人生观和价值观。此外，作为教育实践的广阔平台，校园文化通过形式丰富的文化活动，极大地提升了文化育人的独特魅力和对学子的吸引力。

最后，校园文化在履行育人职责时，展现出独有的方式，体现为全面性、隐性教育与潜移默化的特点。它主要通过营造独特的环境氛围，以潜移默化的方式影响并教育学生。根据上述分析，在后续对校园文化育人功能影响因素的深入研究中，我们将引入并参考思想政治教育接受理论作为分析框架，从教育者、接受者、教育内容、教育媒介与教育环境这五个维度深入剖析这些因素是如何具体作用于校园文化育人功能的实现效果的。

1. 教育者

在校园文化承载育人使命的进程中，教育者占据着核心地位，他们不仅负责制定育人准则、精选教育内容，还亲身实践育人环节，彰显了其在校园文化育人体系中的主导地位。教育者承担着引领风尚、捕捉契机、克服挑战的重任，并通过其独特的人格魅力潜移默化地影响着学生。鉴于高校校园文化构成的多元性，既有正面的文化滋养，也潜藏着负面的文化影响，为确保校园文化育人的前沿性与正面效应，高校应依托教育工作者的专业能力，从战略高度出发，对校园文化实施全面规划与构建，致力于营造一个充满正能量的环境，以有效引领大学生的健康成长。

归根结底，大学的办学理念是其文化氛围构建的核心驱动力。构建办学理念和丰富精神文化均需教育工作者的全力投入与深切关注，且教育工作者的个人素养直接关联其引导效能。他们的思想深度、理论造诣、价值倾向以及对校园文化育人潜力的认知与实践能力，均会对大学生领悟与接纳校园文化产生深远影响。在教育育人的维度，教育工作者肩负着塑造学生价值观的核心使命，即遵循社会需求导向，科学引导学生，持续提升其思想政治素质，以契合社会发展的需要。教育者的主导地位坚不可摧，缺乏其引导，文化育人的自然流程将难以为继，更难以达成高校校园文化中思想政治教育目标的全面实现。

2．教育对象

在不同的教育领域中，受教育者的角色展现出了多样性。在思想政治教育这一广阔舞台上，教育者面向的是全体社会成员。然而，当我们聚集于校园文化育人这一特定场景时，其教育对象则明确指向了受校园文化熏陶的大学生群体。值得注意的是，校园文化的影响力并不局限于大学生的成长与发展，它同样深刻地影响着大学组织中的其他成员。

大学生作为高校人才培养体系的核心对象，也是校园文化育人功能的重要受体。他们能够通过心理层面的调整与适应，对教育的作用进行调和，进而实现自身素质全面提升。文化的力量在于其非强制性的影响方式，在校园文化发挥其培育人才的使命时，深刻理解和尊重每一位受教育者的主体地位至关重要。只有当这些个体的文化素养得到提升，主动拥抱文化的熏陶，将教育精髓内化为自我认知的一部分，校园文化的育人潜力方能充分绽放。这一进程中，教育者扮演着至关重要的角色，他们需巧妙激发受教育者的自主性与创造力，进而深化教育的成效。最终，评估校园文化育人成效的标尺直接指向大学生的全面成长与发展。唯有学生由衷地接纳并实践校园文化所传递的价值，方是育人功能的极致展现。

3．教育内容

在思想政治教育中，高校校园文化扮演着至关重要的文化媒介的角色。遗憾的是，教育工作者在育人实践中未充分意识到这一角色的深远影响。历经岁月的洗礼与积淀，高校校园文化已构筑起坚实而丰富的文化底蕴，其教育意蕴越发饱满。尤为显著的是，办学宗旨与大学精神作为校园文化的精髓所在，不仅承载着深厚的精神力量，更在潜移默化中塑造着师生的思想境界与道德情操。

高校独特的校园文化精髓，作为引领学生自我成长的灯塔，不仅充盈着学生的精神世界，更在潜移默化中强化着其品德修养。鉴于高等教育的政治导向性，校园文化肩负的双重使命在于：既要滋养国家文化的繁荣发展，也要为国家培养高素质人才。因此，教育内容的构建需深度融合校园文化的精髓，并鲜明地体现中国特色社会主义文化的核心价值。在教育实践中，教育者传递的信息流不仅是知识的传递，更是对校园文化育人效应的深度塑造。教育内容的选择，实为教育航向的舵手，直接引领教育的走向，成为决定校园文化育人效能的核心要素。故而从实际操作层面出发，精心挑选教育内容，对于把握教育方向、强化校园文化育人功能具有不可估量的重要性。

4．文化载体

在培育学生素养的过程中，各类文化载体作为不可或缺的桥梁，发挥着核心作用。从严谨的校规校纪到随处可见的宣传标语，再到丰富多彩的文化活动，都构成了大学生日常学习生活的文化脉络。大学生正是在这种浸润式的校园环境中不断筛选、吸纳、展现并深化着教育所传递的价值观与知识，实现了自我成长的良性循环。校园文化不仅是育人的重要载体，还蕴含着丰富的思想政治教育信息，成为教育者传递信息的关键媒介，在育人过程中发挥着举足轻重的作用。

为了提升校园文化的育人效果，加强文化载体建设是一个重要的举措，我们可以从多方面入手，如提炼和弘扬大学独特的精神风貌，营造浓郁的文化环境，培育积极向上的校风，等等。同时，需强化文化活动平台的构建，使之与特定主题紧密融合，并紧跟时代步伐，加强网络文化载体的建设，以满足当代大学生的多元化需求。在校园文化育人的征途上，文化载体是不可或缺的。它不仅蕴含着育人的内容，更是促进教育要素有效互动的舞台。因此，高校应积极投身于文化载体的全面建设，勇于革新传统教育模式，不断探索与创造新颖的教育形态，以期达成更优化的教育成果。此外，高校应坚守育人初心，关注学生身心全面发展，灵活利用各类文化载体的独特优势，因材施教，以实现更佳的教育成效。教育工作者应成为校园文化建设的先锋，使文化载体更加丰富多样，并对其进行综合应用，创造育人形式，以吸引更多的大学生积极参与其中，从而使校园文化的育人功能得到更好的发挥。

5. 文化环境

文化育人的核心机制在于其潜移默化的渗透、熏陶与感染力量，深刻作用于学生心田。校园的人文环境不仅是衡量文化育人成效的关键标尺，更直接以环境的力量参与到育人的全过程之中，成为不可或缺的助力。因此，文化环境理应被视作校园文化育人体系中至关重要的一环。文化环境具有鲜明的双重特性，既展现为具体可感的物质文化环境，又蕴含了由大学精神内核、规章制度等构成的深层次"软环境"，即隐性文化，两者相辅相成，共同构筑了校园文化育人的广阔舞台。这种环境会对大学生产生不同程度的影响，是塑造他们思想和行为的重要因素，使他们的思想和行为在潜移默化中发生改变。

校园文化环境是一把双刃剑。积极的校园文化环境能够对大学生的道德品质和思想观念产生深远影响，进而促进高校校园文化育人功能的发挥。相反，如果高校忽视校园文化的环境建设，消极的文化环境则可能对学生产生负面影响。因此，在高校校园文化环境建设中，除了完善基础设施和硬件设施外，更应重视校园文化"软环境"的建设。在开展文化活动时，应注重内容而非形式，避免文化环境建设过于注重物质层面而忽视精神层面的现象。

（二）高校校园文化育人功能发挥的运行过程

为了深入探究校园文化育人功能的内在机制，我们需在其运行过程中运用动态思维进行分析与探索，研究其中相互关联的几个阶段。恩格斯曾深刻指出，世界是过程的集合体，而不是既成事物的集合体。我们所认知的稳定事物及其在我们大脑中形成的概念，实际上都处于不断的生成与毁灭之中。高校校园文化的育人功能亦是如此，它不断变化，且在微观层面，作为具体的活动过程，具有独特性。在文化传承与创新的过程中，它不断进行自我提升与超越，展现出不同于常规教育流程的独特魅力。因此，在培育人才的实践中，高校应加强对文化软实力的重视，深耕文化建设，利用文化环境的熏陶力量，对学子进行润物无声的引导与塑造，从而有效达成教育的根本目标。

剖析校园文化育人机制中的五大核心要素，我们发现这一过程与大学生的自发育人过程是统一的。这一过程的核心在于，教育者需深入研究校园文化的育人内涵，丰富育人载体，并营造良好的育人环境。在当今社会，人才培养的质量已成为高校更加关注的问题。因此，高等教育正不断加强对校园文化育人功能的动态优化，持续调整其内容，以适应发展需求，已成为推动育人成效的关键步骤。基于上述洞察，育人实践可被精练为三大阶段：前期战略规划、中期精细实施以及后期反馈与适应性调整，这三个阶段相辅相成，值得我们深入剖析与探讨。

1. 前期规划

通过精心策划与预先设计校园文化育人的流程，我们不仅能确保育人导向的正确性，还能科学整合各类育人资源要素。这一全面的前期规划与设计能够使教育者掌握教育对象的特点和思想发展规律。

第一，教育工作者要对大学生的成长规律和思想特点有所了解，校园文化育人功能的一个重要环节是教育者要用心观察教育对象，深入了解教育对象的个人情况。校园文化育人和普通的育人归根结底是不同的，因为前者是隐性的。教育对象是否能够从内心理解和接受教育信息，然后将其融入自身的思想建设，是他们对文化的感知能力和主动性决定的。在新时代成长起来的年轻人都有着丰富的经历以及开阔的眼界，这有助于年轻人文化意识和文化自信的形成，为校园文化更好地发挥育人功能奠定了良好的基础。然而，由于网络的发展使一个虚拟且现实的社会被创造了出来，各种不良文化也因此变得更加不容易被发现。大学生的心智尚未形成稳固的价值观体系，因此他们极易受到大众文化和网络文化的影响。鉴于此，高校在关注大学生学习成绩的同时，还需深入了解并关注他们的心理特点。

第二，高校领导者应集结专业教育团队，对校园文化在育人方面的作用进行系统性规划与细致化设计，确保其功能得到全面发挥。高校应从它的整体性出发，对校园文化和社会文化两种资源进行整合，使它们产生良好的互动，整合人力资源，更好地发挥主体的育人力量；也可以采用联合办学等方式，强化育人效果。育人主体参与合作，可以使教育规划更加科学合理。教育者在实际教学中并不是同一所学校的，部门也可能不同。对整个大学层面进行规划，可以打破学校与学校、部门与部门之间的壁垒，从而发挥多个主体的整体效应，更好地实现协同育人。为避免对实际教学工作产生影响，校园文化教育可归属于某个部门，主要限于管理层面和思想教育上的督导。总而言之，在育人工作中，校领导、教育行政教师等都应发挥其主导作用，积极组织文化活动，使学校的各种文化资源都能被合理地利用。

2．具体实施

校园文化在发挥其育人功能的核心实践阶段，特别强调教育对象即学生应成为主导力量。整个培育流程中，深度剖析并全面吸收教育内容成为不可或缺的枢纽环节。随后，我们将细致剖析大学生如何对教育内容进行理解、融合内化，并最终体现在实际行动上的全过程，包括解读、整合内化及外化实践这三个紧密相连的阶段。在具体实施阶段，教育对象在处理育人内容时会随着时代的发展更具主动性，这并不是教育对象将教育者的指导进行弱化处理。在整个教育过程中，对精神文化的推广变成了内在的动力，这在很大程度上决定了育人的效果。文化育人侧重于教育对象主动接受和吸纳育人内容，然后自发进行内化整合，最后外化于行动，这与普通的教和学是不同的。

（1）内容解读。在文化育人中，教育对象首先要对文化的内容进行解读。由于教育对象的认知能力有限，因此他们只能根据当前的认知能力对其内容的好坏进行判断，选出自己觉得正确的，舍去那些自己觉得错误的。同时，大学生也会考虑到其内容是否会对自身发展有帮助。育人内容具有一定的主观性，使得接受教育的个体基于个人偏好与需求进行个性化的理解与筛选。大学生的个人需求及其对文化的基本领悟力在很大程度上引导着他们对教育内涵的解读路径。普遍而言，大学生在接触校园文化所蕴含的育人信息时，其解读结果常呈现两极分化：若教育内容恰好契合其需求，并且他们在高度自觉的状态下，往往会以理性且客观的态度去解读这些内容；反之，如果育人内容无法契合大学生的需求或大学生缺乏足够的自觉性，那么他们可能会倾向于片面且主观地解读这些内容。在教育对象初步解读了教育内容之后，他们会基于个人的主观判断来决定是否接受这些内容以及接受的程度。作为内容解读的主体，大学生会根据自身的需求和偏好来选择性地接受教育内容。

（2）内化整合。在完成文化育人的内容解读后，教育对象会主动筛选与其内在精神追求相契合的部分，进行深度整合与内化，使之成为自我意识体系的一部分，并深化为个人的思想认识。这一过程即整合内化，在高校文化育人的框架下，是教育对象对育人资讯进行系统性整理、融合，并据此重塑个人观念的关键活动。在校园文化的熏陶下，整合内化体现为个体在遭遇新文化元素时，能将其与既有文化理解相联结，通过思维机制的运作，构建出新的认知框架。当新文化内容与既有思想体系交织共鸣时，教育对象需要通过心理内化过程将这些新的育人内容无缝融入个人思想体系，从而推动自身思想品德的积极成长。教育者传递的信息唯有经过教育对象的内化吸收，方能触动其心灵深处，引领其意识形态的变革。因此，整合内化构成了校园育人链条中的核心环节，直接关乎育人内容能否被教育对象有效接纳并内化于心。对于大学生群体而言，那些与其既有文化认知相契合的内容，往往更易于被接纳与内化。

（3）外化践行。经过整合与内化的过程，教育对象将社会倡导的思想观念、价值观及道德准则深深融入个人意识，使其成为不可或缺的一部分。然而，这一过程并未结束，教育对象还需通过外化行为来加强这些认识与实际生活的联系，使它们在自身的思想和行为上得以显现。由于每个人的认知能力和实践能力各不相同，因此，要真正了解一个人的品行，就必须对其具体行为进行评判。在外化践行环节，教育对象不仅需要将思想认识与具体行为进行有机结合，还要拓宽社交领域，以实践为镜，检验教育成效，并在此过程中不断磨砺自我判断力。这一过程对于大学生塑造坚实的道德修养来说至关重要，同时也是检验校园文化育人效果的重要依据。丰富多彩的文化活动构成了校园文化育人的坚实平台，大学生在积极参与中，通过言行举止彰显教育的力量，满足心灵成长的深层次需求。

3．反馈调节

在新时代背景下，要提升办学质量和效果，我们就必须构建高层次的人才培养体系，并高度重视校园文化在育人过程中的深远影响。校园文化教育的广泛性要求我们认识到，教育活动的展开仅是起点，而非其育人责任的终结。思想道德观念虽具有抽象性，却能透过言语与行动生动地展现。为此，应将教育的动态调整与反馈机制深度融入校园文化育人的每一环节。教育者需在预备与实施阶段，精心传导教育理念与内容，以此触动并塑造受教育者的行为习惯，全面激活教育的塑造力，彰显其成效。在实施过程中，信息反馈成为双向桥梁：一方面，助力教育者灵活调整教育航向，精练优化育人策略，为后续工作奠定坚实的基础。另一方面，促使受教育者获得自我审视的镜子，助力其树立正确的价值观，促进个人成长的深刻觉醒。

校园文化培育的历程，自初步蓝图绘制至实际操作的每一环节均交织着复杂多变的影响因素，这可能导致实际实施结果与预期目标之间存在显著差异。为了弄清其中的具体问题及产生差异的原因，教育工作者应当把更多的精力用于反馈调节阶段。建立有效的评估体系是反馈调节的关键所在，评估是探究问题根源的根本。只有进行合理的评估，我们才能准确找出实际结果与预期之间的差异。因此，评价、反馈和调节这三个环节紧密相连，共同构成了反馈调节机制的核心。总之，高校应致力于完善校园文化评价机制的建设，确保反馈及时并调节得当，以保障育人目标顺利实现。

首先，高校应紧密围绕国家政策导向，深入优化并健全校园文化建设的评价标准体系。鉴于校园文化育人成效的评价需有明确的标准为依据，因此，我们必须致力于完善校园文化的评价体系，将原先繁复且难以捉摸的评价维度转化为一系列明确、量化、易于操作的指标，以构建更为科学合理的评价体系。

其次，高校在获得校园文化评价反馈后，应立即成立校园文化建设工作组，并给予其必要的指导。同时，与该工作组进行充分的沟通与协调，为后续工作的顺畅进行奠定坚实基础，并对校园文化建设成果进行及时有效的反馈。该工作组承担着多重职能，包括但不限于：组织效果评价、加强统筹规划、进行效果反馈等。为了确保工作成效，应做到奖优惩劣，使校园文化反馈调节的优势得到充分发挥。

为了更全面、更深入地理解整个实践过程，我们将校园文化育人过程细分为几个紧密相关的部分。从宏观角度来看，高校校园文化的育人功能构成了一项多维度交织的实践活动，其各要素间并非孤立状态，而是紧密相依、互为因果。教育的本质在于教育者传递知识与学习者吸纳内容的双向互动，这一过程在同一育人框架内无缝衔接。因此，在实际操作中，我们务必秉持全局观念，进行全面规划与考量，以确保育人工作的系统性和有效性。

（三）高校校园文化育人功能发挥的作用机制

校园文化育人功能的本质机制，在于系统内各要素间如何相互联结并产生影响的动态过程。这一机制主要涵盖以下三方面：首先是"人化"和"化人"之间的互动机制，即个体在校园文化影响下发生变化的同时，也反过来影响和塑造校园文化；其次是文化引导与自我教育相结合的机制，强调校园文化在引导个体发展的同时，也注重培养个体的自我教育和自我成长能力；最后是内化与外化相统一的机制，即校园文化不仅影响个体的内在思想观念，也通过个体行为表现外化出来，形成校园文化的外在表现。

1. "人化"与"化人"互动的机制

校园文化与文化主体在高校校园文化育人功能的发挥中相互影响。从高校校园文化的形成和发展来看，它是教师和学生通过多次实践而形成的。一旦有了校园文化，它就会对人产生积极或者消极的影响。所以，在进行校园文化育人时，必须遵循"人化"和"化人"的互动机制。

校园文化育人，必须注意以下几点：第一，校园文化育人的活动主体是高校师生，要将育人目的作为活动导向，对外客观化，创造丰富多彩的文化成果，丰富高校校园文化的表现形式，有意识地营造文化环境，实现"人化"的过程。第二，文化育人有着用文化培育人的内涵，文化是人创造的，反过来再塑造人。校园精神文化是校园文化的重要内容，有着重要的价值影响和文化感染作用。校园精神文化是校园文化的精髓，它体现了高校的办学理念和价值追求，为学校的生存和发展提供动力。校园精神文化包含了很多内容，如创新意识、诚信意识和责任意识、刻苦钻研的学术精神、以育人为本的教育理念。它体现了学校的文化价值取向和人才培养理念，有利于塑造价值理念集合体，营造校园文化氛围，规范师生的言行举止，为大学生的价值观塑造提供精神指导。大学生处于良好的文化环境中，长时间受到文化熏陶，就会慢慢改变自己的思想和行为。因此，校园文化育人的本质是"人化"与"化人"双向建构的过程。

2. 文化引导与自我教育相结合的机制

从教育者与大学生在校园文化育人功能中所扮演的角色及其作用来看，其内在机制的核心在于文化引导与自我教育的有机结合。在校园文化育人中，教育者的文化引导和受教育者的自我教育之间是存在内在联系的。文化对人具有自发性影响，其在对人进行长时间的熏陶后，会使人的思想行为不自觉地发生变化，这种影响可能是积极的，也可能是消极的。积极的文化会带来正面的影响，使人往好的方向发展；消极的文化会带来负面影响，使人往坏的方向发展。教育的核心效能在于它能够唤醒个体的内在自觉，促使文化对个体的潜移默化作用转变为一种有意识的教育过程，进而彰显文化对个人成长的正面促进作用，引领人们朝着更加积极、向上的轨道前进。

实现校园文化在育人方面的效能，本质上是一个教育者巧妙引导与大学生自我教育深度交融、共同进步的动态实践过程。在这个过程中，教育者扮演着至关重要的角色。

一方面，他们不仅在校园文化建设中巧妙地融入教育内容，充分发挥校园文化的育人功能，融入时代脉搏，而且深植精神内核于高校校园文化之中，矢志不渝地促进大学生思想品质的升华与正确价值观的树立。在这一文化育人的实践舞台上，教育者作为领航者，不仅引领着文化环境的持续优化，更在文化传承与创新载体的选择上发挥着决定性的导向作用。

另一方面，大学生作为拥有自主意识的独立个体，展现出了积极学习的潜能，能够主动沉浸于文化氛围中，自发地追求教育与个人成长。据此，在运用校园文化作为育人手段的实践过程中，我们务必深刻地认识到大学生作为核心参与者的主体地位，并据此进行周全考量。教育者借助文化媒介传递的教育内容，唯有当学生主动接纳并转化为个人内在认知时，才能真正实现其教育功能。此过程中，激发大学生的主动性与自觉性尤为关键。综上所述，为有效发挥高校校园文化在育人方面的作用，我们必须充分尊重并发挥大学生的主体意识和创新意识，让他们在校园文化的熏陶下实现自我教育和自我成长。

3．内化与外化相统一的机制

在文化认同的基础上，校园文化与受教育者的互动核心在于育人内容的内在吸收（内化）与外在展现（外化），这构成了两者相互作用的根本机制。在校园文化的熏陶与教育进程中，这一机制尤为关键。教育对象在认同文化的前提下，经历着文化的内化和外化影响。这一功能的关键在于，使大学生在认知和情感上对大学校园文化所传递的思想、道德观趋于一致，进而自觉接受校园文化的影响。文化认同为大学生内化校园文化、塑造良好的文化价值观提供了重要的前提。

校园文化的内化与外化具有深刻的内涵。内化过程根植于文化认同，个体在此过程中将先进的文化价值精髓吸纳为自身稳固的态度体系与认知框架，进而与个人的文化价值系统深度融合，成为不可分割的一部分。外化则是校园文化所表达的价值观念内化后产生的结果，通过大学生的实践行为得以表达。在这两者的相互作用下，大学生的态度会从以往不假思考地接受他人观点转变为思考"自己"想要"怎么做"。

在校园文化中，内化和外化这两个环节呈现出一种动态的辩证统一与相互转化的关系。在校园文化育人的广阔舞台上，本质上是对文化价值体系的构建与重塑，它囊括了文化价值的吸纳（输入）与传播（输出）。教育者依托丰富多彩的校园文化载体，精心传递国家与社会进步所倡导的文化价值观念，促使学生将这些外在的文化精髓内化为自身精神世界的一部分。反之，学生则在广泛的文化互动与实践探索中，将内化于心的文化价值外显于行，通过实际的文化行为进一步巩固并深化这些新生的文化内容，从而在实践与认知的循环中不断推动校园文化的繁荣发展。这两个过程是相互兼容、共通共融的。如果大学生没有在实践中将获得的新知识外化，那么其内化过程也就失去了存在的意义。

三、高校校园文化育人功能发挥的时代要求

校园文化育人是高等教育培养体系中不可或缺的一环，因此，其发展原则必须与高等教育的核心理念相契合。高等教育必须坚决恪守社会主义办学宗旨，并强化党的领导核心地位。党和国家的政策导向为校园文化在育人方面的作用明确了宏观路径。从思想政治教育的维度来审视，新时期高校校园文化的育人功能主要聚焦于三大核心议题，即以何种文化为教育载体、培养何种类型的人才以及如何实施教育。对这三大议题的深入探讨彰显了在新时代背景下，高校校园文化在发挥育人作用时，必须紧密贴合时代脉搏，遵循时代赋予的新要求。

（一）坚持以先进文化育人

校园文化的本质、国家人才培养的目标以及社会发展的需求共同构成了高校校园文化育人的基本前提，即以先进文化为育人基石。随着时代的不断发展和进步，在人才培养的进程中，我们务必巩固先进文化的核心地位，持续深化与拓展校园文化的教育意蕴，旨在显著增强教育育人的实际成效。

1. 以先进文化育人的必要性

高校校园文化的核心育人机制关键在于甄选何种文化作为培育人才的基石，这一选择直接塑造了育人效果的总体走向。文化本身具有双重性质，既可能对人的发展产生积极影响，也可能带来消极影响，这完全取决于文化的先进与否。先进文化无疑成为推动个人全面发展的强大动力，而相对落后的文化则可能成为个人进步的桎梏。尽管文化对人的渗透力是客观事实，但文化育人的目标导向却是清晰而坚定的。因此，唯有坚定不移地以先进文化为引领，方能确保文化在育人过程中发挥正面和积极的力量。

校园文化育人的本质，体现为高校利用其核心的文化价值导向与行为规范体系，促使大学生将特定文化精髓内化于心、外化于行，进而对他们进行文化

熏陶和塑造。这样的文化影响和建设活动必须紧跟时代发展的步伐，顺应历史的潮流。策划并执行植根于先进文化的教育活动，是确保文化发展方向正确无误的核心策略。作为引领我国社会文化发展的旗帜，中国特色社会主义先进文化，自然而然地成为驱动高校校园文化建设与发展的主导力量。因此，高校在践行文化育人使命时，必须坚定不移地以中国特色社会主义先进文化为指引，以确保校园文化的育人方向正确无误。

校园文化对大学生人格的塑造具有非常重要的作用，因为校园文化除了具有内在的精神力量之外，还包括制度文化和行为规范，可以规范学生的行为，使他们得到全面的发展。"立德树人"是高校文化育人的最终目标。高等教育都具有一定的政治属性，其本质追求就是发挥先进文化的育人功能，对文化教育建设进行强化。所以，高等教育的文化教育功能离不开社会文化环境的影响。

社会文化环境对校园文化教育功能的实现具有双重作用。一方面，社会主流文化作为导向，引领高校校园文化的前行路径。高校承载着推动自身发展、文化创新及对社会文化进行批判性审视的责任，应积极构建并丰富校园文化，以此反哺社会文化，共同促进社会的文明进步。另一方面，社会文化中的亚文化现象也对校园文化的教育功能具有微妙影响。在当下这个思想交汇、文化融合的时代，我国社会文化展现出以一元文化为主导、多元文化共生共荣的态势。在马克思主义理论的引领下，我们矢志不渝地推动中国特色社会主义文化的繁荣发展，为校园文化这片沃土精耕细作，滋养了育人的深厚根基与多元养分。与此同时，大众文化与西方文化的交汇融合如同清泉注入，为文化生态的繁荣注入了新的活力。然而值得注意的是，这些多元文化所携带的多样化价值观与社会思潮在丰富校园景观的同时，也可能悄然渗透至学生群体中，潜在地削弱其对主流文化的认同感，从而对校园文化在人才培养方面的效能构成一定威胁。

大学生思想活跃、对新鲜事物充满好奇，容易受到社会文化中错误观点的影响，难以做出正确的价值判断，这对他们自身的发展是不利的。从整体上看，部分高校在校园文化建设上更侧重于物质文化建设，大力投入硬件设施和基础设施，提升了学校的整体环境，却往往忽略了精神文化对师生潜移默化的熏陶和隐性塑造力量。鉴于此，高校应当进一步强化对校园文化建设的关注与投入，积极发挥其在育人方面的功能，以提升学生的自我修养和精神境界。

2. 用先进文化引导高校校园文化建设

从本质上讲，高校校园文化育人是通过先进文化对教育对象进行塑造、引导和感染，从而提升其文化修养，培养其良好的道德品质。因此，高校必须致力于校园文化的建设，将一元主导与多元发展相融合，营造浓厚的传统文化氛围，同时坚定文化自信。新时代，要想有效地发挥校园文化的育人功能，就要不断加强校园文化建设。

（1）高校校园文化建设要坚持一元主导与多元发展的结合。高等院校应深深扎根于中国特色的先进文化土壤之中，主动发起并深入实施以革命文化为精髓的教育项目，强化思想引领与教育工作，以更坚实的步伐确立并巩固先进文化在校园文化建设中的核心领导地位。这一强化措施是加强高校思想工作、维护校园文化安全的内在要求。同时，高校蕴藏着促进文化多元性的潜力和需求。具体而言，鉴于高校学生群体的多元性，包括一定数量的少数民族学生及国际留学生，校园文化应当展现出高度的包容性，为不同民族与国家文化的交流和繁荣创造必要的环境及平台。

另外，高校应加强对外学术合作与交流，以促进学术进步。为了拓宽学生的学术视野，教育主管部门和高校已做出极大努力，如建设引智基地、邀请国际专家学者来校讲座等，旨在加强国内外高校的交流与合作，推动高校的多元化发展。综上所述，在建设校园文化的过程中，我们既要坚守中国立场，确保中国特色先进文化的主导地位，又要秉持开放与包容的心态，去接纳并助力多元文化的繁荣与发展。

（2）高校校园文化建设要营造浓厚的传统文化氛围。中华优秀传统文化深藏着丰富的人文底蕴、深邃的哲学思辨、启迪心智的智慧之光以及崇高的道德伦理。作为文化传承与创新的重要阵地，高校应深入挖掘这一宝库中的育人精髓，精心构建一个浸润着优秀传统文化精髓的教育氛围。此外，高校还需以创新思维激活传统文化资源，使之在现代教育体系中焕发新生。坚持用文化的力量来塑造人，以美育促进人的全面发展，从而全面提升大学生的整体素质。学校可以邀请一些专家、名师等来校举办讲座，激发大学生对传统文化的兴趣；还可以通过鼓励学生成立书法类、汉服类等社团，来增进学生对传统文化的了解，丰富大学生的校园生活。此外，还可以设立科研基金，提高师生对传统文化的研究力度。高校在校园文化建设中加强传统文化教育，有助于营造良好的育人氛围，能大大提高高校的育人效果。

（3）高校校园文化建设要在育人中坚定文化自信。随着经济的迅猛崛起，我国对外关系也取得了显著进展。在此背景下，增强民族文化自信、扩大中华文化的国际影响力已成为当前思想文化宣传工作的重中之重。在对外学术互动中，我们应坚守中国文化特色，积极将我国的特色文化与传统文化传播给更广泛的人群。在教学活动中，我们应致力于帮助大学生树立正确的价值观，引导他们认同并弘扬民族文化，同时培养他们的民族自信与文化自信。此外，高校还应强化主流媒体平台建设，牢牢把握文化宣传的主导权，通过丰富多样的校园文化活动和育人实践，不断深化大学生对中国特色社会主义文化的认识与认同。

总体而言，要实现以先进文化育人的目标，就必须持续加强高校校园文化的自身建设。这不仅要求我们充分利用优秀的文化资源，还意味着要坚决抵制不良文化的影响。高校应当积极发展先进文化，从丰富的传统文化和红色文化中汲取养分，同时利用多样化的资源来实现文化育人目的。

（二）遵循文化育人规律

要切实做好高校的思想政治工作，不但要遵循思想政治工作本身的规律，而且要遵循学生的成长规律以及教师教书育人的规律。因为思想工作要做好并不只取决于单一的工作实践，而是要兼顾各方面的因素，抓住教育活动的规律，并关注教师和学生的互动，提高效率。从实践中认识和把握规律，是校园文化育人的要求。校园文化育人属于思想政治教育的范畴，因此，要注重对学生思想和教育规律的掌握。在进行校园文化育人时，教育者要清楚校园文化的育人特点和规律，对育人方法进行改进，从而提升育人效果。

1. 正确认识文化育人规律

遵循文化育人的规律，要求教育工作者对校园文化育人功能的作用机制有深刻的认识。

首先，高校校园文化的育人机制实质上是一个"人性塑造"与"塑造人性"相互交织、共同促进的过程。在这一过程中，校园文化如同活水之源，不断在传承与创新中向大学生群体渗透其独特的文化韵味与影响。高校校园文化的发展与其育人使命紧密相连、密不可分，这要求教育工作者持之以恒地加强校园文化建设，致力于在先进文化的广泛传播中深度挖掘并展现文化的潜移默化之力与情感共鸣之效。

其次，高校需深刻洞察教育者与受教者间的交互动态，强调在人才培养中高度重视文化熏陶与自我教育的深度融合。教育工作者需主动作为，将民族精神的精髓与时代先进的文化元素巧妙融入校园文化的构建，以营造积极、健康的育人环境。同时，大学生作为校园文化革新与繁荣的核心力量，应展现出主动学习的姿态，自发接受文化滋养，通过自我反省与教育，实现个人成长与文化传承的双重目标。

最后，在校园文化育人的过程中，大学生对文化精髓的内化理解与外显实践应实现相辅相成、和谐统一。经验证明，高校能否成功激活并最大化其校园文化在育人方面的潜力，关键在于教育对象是否对其内容进行了消化和吸收。因此，教育者应为大学生提供文化载体，帮助他们将内化的道德观念外化为道德行为。

2. 运用文化育人规律推进高校校园文化育人功能发挥

要使实践活动顺利进行，关键在于掌握并灵活运用其内在规律。在新形势下，高校在实施校园文化育人策略时需敏锐捕捉机遇，充分利用一切有利条件，不断对校园文化育人方式进行创新与优化。校园文化凭借其独特的力量育人，这与实践和管理育人方式截然不同。它坚持用文化来影响、塑造和教育人，借助校园文化载体，将文化中所蕴含的世界观、人生观、价值观等观念潜移默化地传递给受教育者。

具体而言，高校必须遵循文化育人的规律，深入了解和有效处理教育系统内各要素之间的关系，持续优化校园文化育人策略，着重强化思想政治教育中的人文关怀维度，依托校园文化的深厚底蕴与力量，培育契合新时代的青年才俊。在此过程中，我们需深刻把握并遵循大学生思想品德形成及人格塑造的自然规律，灵活运用潜移默化之法。凭借中国特色社会主义文化的深远影响力和鲜明吸引力，我们成功地使核心价值观在青年学子心中生根发芽，对实现立德树人的根本任务具有重要作用。

校园文化应巧妙运用情感共鸣与环境浸润的手法，深刻彰显其培育人才的独特价值，于无声处启迪并引领大学生心智，助力其实现全方位成长。其迷人之处不仅体现为精神文化如春风化雨般滋养人心，更在于它能将行为文化与物质文化转化为具体可感的载体，让教育润物细无声地融入学生的日常生活。

同时，其制度文化能够使育人功能更加持久。校园文化主要通过隐性教育法和熏陶感染法来育人。为了更有效地实现育人功能，我们需要培养大学生积极参与文化活动的热情，并鼓励他们进行自我教育。此外，还应坚持"转化"与"育人"相结合的原则，在这两种方式共同作用下，我们才能充分发挥各类文化形式的潜在力量，从而有效实现其培养与塑造人的功能。

（三）培养时代新人

校园文化育人功能的核心在于明确人才培养的目标。教育工作的基石与高校肩负的文化传承与教育使命均聚焦于培育契合中国特色社会主义事业需求的栋梁之材。

1. 高校校园文化要坚持以育人为本的教育理念

在我国，育人既是促进社会主义可持续发展的核心驱动力，也是培养大学生良好人格、引导他们成才的关键，更是实现中华民族伟大复兴的基础工程。高校在校园文化育人方面不仅要兼顾与社会发展的契合度，更要秉持"人本教育"的核心理念，致力于满足学生作为个体自我成长与发展的内在需求。若忽视了大学生的主体性地位及其积极能动性，校园文化所承载的育人使命将难以充分展现其效力。

育人成效的显著性依赖于教育工作者教学实践的深入以及教育对象内心认同与外在表现之间矛盾的积极转化来评判。具体而言，当教育者借助文化媒介传达的知识与理念被大学生深刻领悟并接纳，进而通过实际行动体现其内在价值观时，方显育人工作的真正成效。在此过程中，激发大学生在校园文化熏陶下的主观能动性，培养其文化自觉意识，是至关重要的一环。因此，在致力于培育社会主义建设者与接班人的使命中，学校应高度重视大学生的个性化成长与精神追求，既要洞察时代变迁对个体发展的影响，又要对接社会对高等教育人才的具体需求，同时细致入微地关注每个学生的个性化需要。这构成了校园文化有效履行育人职责的基本前提与核心要素。

在校园文化熏陶育人的历程中，大学生扮演着核心角色，其态度与行为深刻影响着文化育人效能的展现。他们内在的成长与进步渴望构成了推动校园文化发挥育人作用的根本动力。发展是学生在学习生活中的核心需求，也是促使他们主动融入教育环境、汲取知识养分的源泉。这种发展需求广泛且多变，紧跟时代脉搏，不断更新。鉴于此，为响应大学生日益增长且多样化的成长需求，高校应致力于增强校园文化的魅力与吸引力，激发学生探索与学习先进文化的热情与动力。

党和国家历来高度重视青年一代的发展。随着中国特色社会主义理论的不断深化，要实现新时代的目标，就必须关注大学生成长，他们是这个时代的中流砥柱。在深入了解大学生成长条件和新时代青年的特点后，我们可以明确大学生的培养方向。教育者需深刻认识当今时代赋予青年的重任与使命，致力于点燃他们积极参与社会主义建设的热情与决心，同时注重培育其创新思维，鼓励他们为时代的飞跃与社会的进步贡献力量。在高校践行校园文化育人职责的过程中，应坚定不移地贯彻人本教育理念，将人才培养置于核心地位，旨在显著提升大学生的创新能力与自我主导性，同时全面契合他们追求个人成长与全面发展的内在需求。

2. 高校校园文化育人功能发挥要以培育时代新人为目标导向

高校承载着培育合格的社会主义建设者与未来领导者的重大职责与使命。步入中国特色社会主义新时代，高校在人才培养领域迎来了新的挑战与期许。高校需将育人核心使命深植于校园建设的每一角落，全力锻造能够担当起民族复兴重任的新时代青年才俊。与此同时，培育此类新人也对校园文化在育人方面的功能提出了明确的目标与期待。首先，作为社会主义事业的继承者，青年群体应坚定支持中国共产党的领导，积极投入中国特色社会主义事业，承担起民族复兴的重任。其次，作为时代的开拓先锋，青年应具备无私奉献的精神风貌、前瞻性的时代视野以及锐意创新的思维能力。新时代青年人才的培养，是对深刻理解教育本质与内在需求后的教育目标的全面的升华与概括。

为了培养新时代所需的人才，教育工作者必须认真履行教学职责，培养学生强烈的创新意识、坚定的理想信念和强烈的社会责任感。同时，应利用校园文化育人的优势，增强学生的责任与使命认知，激励他们为中华民族的伟大复兴而不懈努力，持续提升自我，从而为国家的发展贡献力量。在新时期，校园文化应作为桥梁，引导大学生将个人成长与社会价值的实现紧密相连，致力于培养一批具备使命感、勇于创新、敢于担当、具有风险意识的新时代学子。这一要求应贯穿于校园文化育人功能的全过程。

首先，我们的目标是培养具有强烈使命感和责任感的新时代人才。实现中华民族伟大复兴的宏伟蓝图，需要中国共产党的坚强领导，并汇聚全体中华儿女的磅礴力量。这是党肩负的神圣历史使命，是全体中华儿女的共同责任，也是整个民族共同的追求与担当。鉴于此，明确大学生的历史重任、激发其内心深处的责任感成为新时代人才培养的核心要义，也是校园文化致力于立德树人的关键所在。高校应积极响应，精心策划与实施一系列紧密围绕民族复兴主题的教育活动，不仅要在教育体系中深深植入使命感与责任意识的教育内容，更要在日常生活的点滴中强化大学生的责任观念。唯有如此，方能在浓厚的校园文化氛围中有效提高大学生的思想觉悟，激励他们积极投身于中国特色社会主义现代化建设的壮阔征程，为实现中国梦贡献青春力量。

其次，新时代背景下，孕育具备创新精神与意识的杰出人才尤为关键。创新精神不仅是个人成长路上的催化剂，更是国家繁荣进步的坚实基石，它驱动着个人持续超越，也为国家发展注入了不竭动力。因此，将大学生的创新精神培养置于重要位置，是国家强盛、民族复兴的必由之路。大学生群体以其深厚的理论功底、敏捷的思维模式、对新事物的高度接纳能力及天然的创新禀赋，成为校园文化创新浪潮中的先锋力量。在此过程中，教育工作者扮演着核心引导角色，在校园文化的熏陶与育人实践中发挥着不可替代的作用。他们应作为引领者，精心选择文化载体，并致力于改进文化环境。同时，作为文化活动的积极参与者，大学生也需要不断提升自身的创新意识和能力，以便更加主动地接受并传播先进文化。

最后，培养具有风险意识的新时代人才。随着网络信息化的发展，社会中的一些不良信息通过网络进入高校，这就对大学生的身心健康发展造成了严重威胁。对于一些思想不坚定的大学生来说，很可能受其影响，从而迷失自我，做出错误行为，对自身发展造成不利影响。对此，高校要在校园育人体系中加入风险防范的内容，以凸显对大学生的人文关怀，加强对大学生的思想管理和引导，提高他们的风险防范意识。

综上所述，新时代大学校园文化的育人功能需要在先进文化教育的基础上，以培养新时代人才为目标，遵循文化育人的规律，充分发挥校园文化的育人功能，让大学生形成正确的价值观念。在新时代条件下，校园文化育人被赋予了新的含义。坚持以"以文化人"理念为指导，以育人为中心，了解大学生成长发展的客观规律，以文化感染人，塑造人。

四、高校校园文化育人功能发挥的策略

在新时代背景下，高校校园文化育人功能的发挥应始终以培养新时代人才为核心目标。为此，高校需充分发挥其在组织上的独特优势，对校园文化育人体系进行整体规划与布局，以确保育人的正确方向。同时，高校应坚持先进文化在育人过程中的主导地位，并不断加强校园文化作为育人重要载体的构建与发展。此外，高校应深刻把握文化育人的本质规律，激励教育工作者在实际操作中不断摸索与精进校园文化育人的有效途径。以下，我们将从三方面深入探讨如何有效发挥高校校园文化的育人功能。

（一）重视校园文化育人体系的整体规划

校园文化在育人方面展现出完整性、渗透性和潜在性的特点，它对大学生思想和价值观的影响主要是通过文化环境和氛围的潜移默化感染实现的。为了确保教育育人的正确导向，高校凭借其独有的组织特性，从战略高度出发，对校园文化育人体系实施全面布局。在此过程中，高校需深度挖掘并激发政党组织、教师团队等核心文化力量的教育潜能，最大限度地汇聚与融合各类文化资源。以鲜明的办学宗旨和深厚的大学精神为引领，辅以健全的制度文

化作为坚实后盾，同时依托校史陈列馆、图书馆等硬件设施作为重要载体，携手构建出一个积极向上的校园文化育人氛围。这样的系统性规划不仅能够充分激发各文化主体的活力与创造力，实现文化资源的科学配置与高效利用，并充分释放各类教育要素在育人过程中的能量，从而进一步提升校园文化的育人效果。

1. 构建多元主体合力育人模式

在高校的教育生态中，作为育人体系的核心构成，校园文化汇聚了多样化的培育力量。这一文化环境是师生携手共创并悉心维护的成果。因此，其文化主体本身就具有多元化的特点。为了进一步提升校园文化育人的效果，我们应充分发挥党政部门、教师等文化主体在育人过程中的积极作用。

（1）发挥党政部门对高校校园文化育人的组织领导作用。在校园文化建设的过程中，高等院校的党政部门扮演着组织和领导的核心角色，为构建长效机制提供了坚实的保障，有利于育人工作有条不紊地推进。通常情况下，高校党委部门统筹精神文明与校园文化建设，此举不仅强化了党对校园文化育人工作的领导核心作用，还确保了教育育人的政治方向始终坚定不移、精准无误。在规划校园文化建设时，党委宣传部可以从宏观层面进行设计，以确保育人的方向正确无误。同时，我们也不能忽视辅导员在文化育人中的重要作用。辅导员处于大学生思想教育的第一线，与大学生保持着紧密联系。因此，高校应加强辅导员队伍的建设，提高他们的政治觉悟，有效地引导大学生文化和行为的良性发展。

（2）发挥教师对高校校园文化育人的推动作用。教师在校园文化教育中扮演着主导角色，他们不仅是知识的传授者，更是学生思想和行为的重要引导者。教师在日常教学工作和与学生的交流当中，个人形象的展示、所坚守的文化价值理念以及人际交往的姿态均直接塑造着大学生的思想观念架构。从核心而言，教育者的价值导向力强弱，根本上取决于其综合素养的高低。鉴于此，高校应当深刻认识到教师在引导大学生方面的重要性，并作为关键任务来抓。为强化这一引导效能，首要任务是全面提升教师的综合素质。具体而言，高校需加大师资队伍建设力度，不仅要提升教师的专业知识与教学技能，更要强化师德师风建设，确保教师成为学生成长的正面榜样。为此，可以定期对教师进行培训和考核，并建立严格的奖惩机制。只有教师的素质得到提升，他们才能更好地发挥示范作用，为学生的成长带来积极影响。

此外，高校还可以通过完善教师晋升机制、考核机制等方法，进一步促进教师科研能力的提升。从高校的角度来看，建立师德长效机制是提升教师综合素质的重要途径。这可以通过对教师进行教学指导、宣传典型事例、进行考核监督以及实施奖励或处罚等措施来实现，从而充分发挥学校在制度上的约束力。师德建设机制为教师综合素质的提高提供了外在动力，但教师自身也应积极努力。教师应致力于提升学术理论水平，严格遵守学术规范，并坚定理想信念。通过内外兼修，教师能更好地履行其教育和引导职责，为学生的全面发展贡献力量。

2. 注重校园文化育人环境的打造

在建设高校文化育人环境的过程中，我们应始终坚持社会主义核心价值观的引领，以中国特色社会主义文化为指导思想。为了进一步完善高校校园文化建设规划，我们务必秉持办学理念的基石与大学精神的灵魂地位不动摇。同时，将制度文化作为坚实的保障。在此基础上，依托图书馆等硬件设施，共同打造一个优质的育人环境。

（1）凝练大学精神。大学精神是校园文化的精髓所在。面对新的形势，高校应当着重加强大学精神的建设，充分利用校园文化这一"软环境"，对大学生进行正确的价值观和人生观的引导与塑造。高校的核心使命在于教学与科研，而一个积极向上的学术氛围对于学术精神的培育具有至关重要的作用。鉴于大学生的主要任务是学习，高校应当注重培养师生的学术精神，引导他们树立学术诚信意识、创新意识和合作意识，从而营造良好的学术氛围。同时，高校还应坚定不移地秉承以人为本的教育理念，充分尊重学生的个体差异和性格特点，妥善处理好教学与管理之间的关系，努力构建一种人格平等、相互尊重的师生关系。除此之外，高校应当秉持对文化多样性的尊重，以开放包容的姿态积极吸纳并融合不同文明所孕育的丰富文化成果。

（2）强化校园制度文化建设。高校思想政治工作应当充分展现人文关怀。若师生长期处于一味追求权力和晋升速度的环境中，学术研究将不可避免地趋向功利化，进而对师生的创新意识和创新精神产生不利影响。因此，高校应将"立德育人"作为根本任务，并将人才培养置于核心地位。在构建制度文化时，高校需凸显民主化与人文关怀，强化服务观念，将大学生的成长作为工作的重心，确保学校能够始终维护学术自由的环境。

（3）美化校园物质文化环境。在规划高校校园环境时，应秉持协调一致与科学布局的双重原则。为加强校园人文景观建设，可通过设计景点、设立雕塑和纪念碑等方式来增强校园环境的感染力。同时，应对图书馆、博物馆等文化设施进行改进和优化，为大学生提供一个优质的文化学习环境。此外，还需加强校园物质文化建设，提升其实用性和观赏性，让大学生在和谐、优雅的校园环境中学习和成长，这不仅能够陶冶其情操，更能激发他们珍惜并保护校园环境的自觉意识。

（二）加强校园文化育人平台建设

校园文化的教育培育作用需借助特定载体来展现。为强化校园文化氛围并传播正面价值，我们应聚焦于构建和优化文化活动阵地、网络文化空间等教育平台。这些平台的质量优劣直接关乎校园文化教育功能的实现成效。鉴于此，面对新时代挑战，教育工作者应明确自身立场，积极掌握文化传播的话语权，并着力推进校园文化教育平台的建设与完善，以确保校园文化的教育滋养作用得以充分彰显。

1. 加强文化活动平台建设

文化活动是校园文化育人的重要载体,其形式的丰富性能够吸引更多大学生的积极参与,进而取得更佳的育人效果。在进行校园文化育人的过程中,文化活动扮演着至关重要的角色。从功能层面来看,文化活动是文化影响力得以传播的媒介,它促使教育内容从内化向外化转化,这一过程同样离不开文化活动的支持。因此,高校应高度重视文化活动的建设,积极组织形式多样、内容丰富的文化活动。为了充分发挥校园文化的教育培育功能,我们应当兼顾校园文化活动的形式创新与内容深度,两者并行不悖、共同促进。

(1)拓展主题文化活动。主题教育作为弘扬先进文化的关键渠道,其成效的提升依赖于主题文化与多样化文化活动的深度融合。我们需兼顾活动形式的创新与文化内涵的深挖,确保在注重形式的同时不忽视其深刻的内涵。通过这样的方式,我们可以有效培养高校师生对中国特色社会主义的理论认同、文化自信及道路自觉,使主题文化活动在新时期展现出更加丰富的内涵。针对文化活动过多而可能导致的育人效果不佳的问题,教育工作者需要在选择文化活动主题时投入更多精力。主题不仅要具有明确的立意,还应蕴含深刻的教育内涵。同时,我们应关注时事动态,确保活动主题与时代发展紧密相连。在重要的时间段内开展与主题相关的文化活动,能有效强化其育人效能,实现主题文化活动价值的最大化释放。

(2)以学生社团为依托开展丰富多彩的校园文化活动。在高校党委的统一领导之下,凭借各类大学生社团来策划并实施丰富多彩的校园文化活动,进而强化文化活动载体的建设、彰显校园文化育人功能的重要渠道。学校团委承担起管理学生社团的职责,而学生社团则凭借其多元化的文化活动,对拓宽大学生知识面、培养素质和形成良好价值观起着至关重要的作用。特别是通过学生社团这一平台,校园文化活动得以更好地开展,也进一步推动了校园文化育人功能的实现。

学校社团类型多样，各具特色。例如，思想政治类社团通过组织红色教育活动，不仅提高了大学生的政治素养，还加强了自身的理论教育。学术类社团则将专业知识与文化活动紧密结合，既丰富了大学生的兴趣爱好，又提升了他们的文化涵养，并锻炼了他们的实践能力，为他们的全面发展以及使他们成为新时代的主人奠定了坚实基础。因此，高校必须加强对学生社团的管理，建立完善的管理制度并严格执行。同时，团委应深入挖掘学校的文化资源，打造具有本校办学理念和学科特色的优质社团活动。

2. 加强网络文化新平台建设

互联网改变了人们的生活，现代人很多情况下都是在网上沟通交流，通过互联网，人们实现了便捷购物、在线学习及快速获取新闻资讯。这一平台不仅极大地便利了日常生活，还深刻塑造了人们的思想观念与行为方式。对于高校而言，互联网更是成为开展思想政治教育不可或缺的重要外部环境。大学是传播先进文化的重要场所，大学的教师和学生也是使用互联网相对频繁的人群，因此，网络文化已经渗入大学校园的文化，网络文化对校园文化育人功能的发挥有着一定的影响。

网络语言具有年轻化且多样性的特点，学生普遍乐于接受。我们应当利用这一优势将网络文化作为传播校园文化的载体，以增强校园文化的吸引力和亲和力。然而，新兴媒体的开放性和虚拟性使得现实社会与虚拟社会的界限变得模糊，网络文化因此变得更加多元和复杂。这种复杂观念和取向的网络文化有可能对校园主流文化的地位构成威胁，进而对校园文化的育人效果产生不利影响。此外，网络世界的虚拟性给高校监管带来了难度。要想维护大学生良好的思想意识，高校教育者必须防止网络上的不良信息对大学生思想的影响，要通过新型的媒介将先进文化传递给大学生，加强网络平台建设，使大学生在健康积极的网络环境中学习和成长。

（1）优化网络资源配置，加强主流媒体建设。随着网络越来越发达，人们在思想上和行为上都被网络信息所影响着。特别是大学生，他们学习和生活中所获得的很多信息都来自互联网。因此，为了促进大学生的健康成长，高校一定要对网络环境进行优化，扩大主流媒体的影响力，加强主流媒体建设，使其占据主要的网络阵地，传播正能量。唯有如此，高校方能牢牢掌握话语权，并在校园文化育人功能的发挥中占据主动地位，确保育人方向的正确性。同时，高校还需对官方网站的系统及内容进行全面优化，积极拓展网络宣传路径，充分利用微信公众号、微博等新媒体平台，深入弘扬红色文化与杰出的先进文化，旨在网络空间内牢固构筑中国特色社会主义文化的传播堡垒。高校应运用多样化的文化形式，生动具体地阐述社会主义核心价值观，并通过优秀的文化作品向大学生传递正确的价值观，引导他们分辨真善美与假丑恶，进而有效提升网络文化育人的实效性。

（2）强化对网络舆情的监控管理。在当今信息化社会，网络已成为人们获取各类资讯不可或缺的主要途径。然而，网络环境日趋复杂，其中充斥着诸多不良信息，如名人丑闻、低俗图文等内容屡见不鲜，这些信息发布者往往罔顾公众利益，一味追求个人经济利益，加剧了网络世界的阴暗面。这些信息不仅混淆视听，更对人们的三观造成了不良影响。大学时期是学生成长的关键时期，大学生的价值体系还没有形成，所以，他们还无法对于网络上的信息进行筛选和过滤。他们无法透过现象看本质，也没有理性思考问题的能力，所以就容易被一些不良信息所误导。因此，高校一定要重视网络安全工作，屏蔽不良信息，关注网络热门和师生的言论，对舆情动向做到及时了解；成立网络问题处理组，对问题早发现早解决，以防舆论蔓延。除此之外，学校还应注重学生自身素养的提升，积极策划并推行多元化的教育活动，旨在提升学生的判断力与辨别是非的能力。这一举措能够有效抵御不法分子的诱导，防止学生误入歧途，保护学校的良好声誉，同时促进学生的健康成长与全面发展。

（三）完善校园文化育人方法

为了更充分地发挥校园文化的育人功能，我们必须重点关注那些对大学生产生深远影响的文化育人要素。由于文化育人的要素各不相同，因此所采用的育人方法也应有所区别。在育人方法上，我们应特别关注文化所特有的柔性力量和潜在性，因为校园文化能在潜移默化中影响并教化人。同时，我们要强调文化环境对大学生的熏陶与感染作用，将育人工作融入生活实践。在当前教育环境的变革中，高校需深刻把握校园文化在育人过程中的内在规律与独特性，并有效整合各类教育资源，持续优化校园文化育人的策略与手段。如此，校园文化便能以感染人心的力量、激发潜能的激励、规范行为的约束以及丰富多元的体验，深刻影响大学生的思想观念与行为模式，全面助力其综合素质的提升。

1. 渗透教育法

校园文化在育人方面具有显著的渗透性特点。在教育实践中，我们可以将校园文化所蕴含的内在价值悄然融入大学生的日常学习和生活，营造出一种积极向上的育人氛围，使大学生的思想在潜移默化中发生积极的变化。渗透教育法是隐性的，其育人性隐而不露，目的是防止直接教育使学生产生疲倦感，这是校园文化在育人时经常用到的方法。这个方法的关键之处在于营造文化环境。教育工作者要注重校风、良好的课堂氛围与学生学习氛围的营造，在大学生的学习与生活中注入学校的育人理念，润物无声地引导学生树立正确的价值观。

相关主体可以采用多种育人方式来营造校园文化。例如，学生社团可以举办一些文化活动，来加强社员间的联系，丰富学生的生活，激发其兴趣爱好；高校可以借助新媒体的力量，如公众号、微博、短视频应用等数字平台，积极传播正面文化，以此为导向，引领大学生构建健康向上的思想体系，形成奋发有为的人生态度。

渗透教育法强调营造浓厚的文化氛围，这体现在从环境精心布置到宣传口号的巧妙运用，再到规章制度的科学制定，乃至师生互动模式的创新上，它们共同构筑起别具一格的文化环境。一个健康、和谐的文化环境能给学生带来愉悦的文化氛围，能够为学生带来愉悦的心灵触动，让他们在潜移默化中接受文化的滋养与启迪。

2. 感染教育法

从字面解释来看，感染意指通过语言沟通或其他媒介激发他人共享相似的情感与观念。据此，感染教育法的精髓在于情感共鸣的起点，它利用文化的丰富内涵与多样形式触动并拓展学生的情感维度，使他们在不知不觉中受到文化的浸染与启迪，进而从内心深处接纳并珍视校园文化在培养人格、塑造价值观上的重要意义。感染教育法主要是从情感上使人震撼，并引起人们的共鸣。一般来说，学生容易对表达生动、情感浓烈的文化表现形式产生共鸣，从而由被动变为主动，自发地接受校园文化的熏陶。

在新形势下，要凭借感染性的教育对学生的理想信念进行教育。丰富校园文化的媒介，凭借优秀作品的感染力来影响大学生，是实施感染教育法的有效途径。可以组织学生观看优秀的主题电影，如可安排学生观赏《大国崛起》等优质纪录片或影片，并鼓励他们实地探访英雄人物的足迹与事迹。这些举措能够有效触动大学生的内心世界，对他们的爱国主义精神和人生观的形成产生积极作用，提升他们的精神境界。

激发大学生情感体验的方法多种多样，如故事情境、艺术形象的感染等。教育者应积极利用这类优秀作品，创新校园文化的培育方式，旨在触动大学生的情感共鸣，促使他们自愿沉浸于文化的滋养之中。在运用情感感染教学法时，教师应细致探究每个学生的成长轨迹与个性差异，以学生情感需求为基石，策划个性化的文化活动。例如，举办校园楷模评选，以先进人物事迹为引领，树立正面榜样；鼓励学生参与敬老院、孤儿院的志愿服务，通过亲身实践升华道德情操；同时，积极倡导大学生融入集体活动，如校运会、文学作品大赛等，以此来充实校园的文化活动，提升集体荣誉感，并通过活动氛围的熏陶，达到以情育人的目的。

3．激励教育法

校园文化具有群体性，文化育人工作可以利用这一特性带来的独特力量引导学生为群体的共同目标而努力。激励教育法便是一种有效的手段，它通过校园文化的正能量来激发学生的主观能动性。比如，优秀学生的示范作用就能够使广大大学生的道德素养得到提高，使其努力学习和规范自我行为的内在动力得到提升，促使他们成为更好的自我。

为了更有效地发挥校园文化的育人功能，我们可以建立相应的奖励机制。具体而言，可以建立完善的奖学金制度，通过评优评奖的方式促使学生在学业上主动追求与不懈努力，以此推动校园内积极向上的学习氛围蔚然成风。此外，对于品学兼优的学生，高校不仅要在物质上给予奖励，更要在精神上予以表彰，旨在强化其良好行为习惯的养成，并将内在的道德认知转化为外在的道德行为。

校园文化构建的核心驱动力根植于精神层面，这股力量是激发大学生持续自我超越的内在动力。在校园文化发挥育人功能时，激励教学法的实施有多种方式，如引导学生树立远大理想，激发其自觉提升精神境界的潜在力量；树立先进典型，惩戒错误典型，宣扬优秀人物代表的事迹，规范学生的日常行为；同时，强化学生的竞争意识，丰富其文化底蕴，促进其能力与素质的综合提升。教育者在实施激励教育时，需要深入了解学生成长的时代背景，结合他们的内在需求，引导他们自发形成持续的发展动力。此外，为了确保教育法的顺利实施，还需要制定相关的奖惩机制，以提供明确的指导和保障。

4．实践教育法

行为文化是校园文化中不可或缺的一环，更是其生动的展现方式。策划并实施多样化的实践活动，能有效强化行为文化的构建，让学生在亲身参与中深化思想认识。对于高校而言，文化活动作为培育人才的坚实平台，与丰富的校园文化及志愿者活动共同构成了新时代文化育人功能发挥的宝贵资源，它们共同促进了大学生思想观念的内在塑造与外在展现。因此，在校园文化育人过程中，应充分采纳实践性教育模式，深入挖掘实践活动中蕴含的育人精髓，将实践教育与文化育人的核心理念相融合，让学生在实践中感受文化的力量，强化其道德实践能力。此外，实践教育还能充分激发学生的创新意识与主体能动性，这恰恰是新时代文化育人的重要目标之一。以红烛志愿者协会为例，在学生参与其开展的环保、社区服务、支教等志愿服务活动的过程中，培养了实践能力和服务精神，从而大大地促进了本校的校园文化建设，学生也在实践中学习、成长，信念更加坚定，意志更为坚韧，实现了思想意识的深化与升华，为校园文化育人功能的充分发挥开辟了重要路径。学校应积极创设条件，如成立学生会、社团等，鼓励学生广泛参与各类活动，通过实践活动来感受文化氛围的熏陶。

行为文化构成了校园文化的精髓与灵魂，其独特的表现形式使之鲜活而深刻。通过策划并实施多姿多彩的实践活动，我们能够不断深化行为文化的内涵建设，让学生在亲身实践与体验中，思想境界得到升华，进而实现个人的全面发展。在高校文化生态中，文化活动扮演着不可或缺的教育角色，而丰富多样的校园文化和志愿者活动则是新时期文化育人功能得以发挥的宝贵实践资源。它们不仅能够促进大学生思想意识的内化，还能够推动其外化为实际行动。

在校园文化育人的过程中，我们应积极采纳实践性教学路径，深度剖析实践活动所承载的育人精髓，将实践教育与文化熏陶深度融合，让学生在亲身体验中领略文化魅力，进而强化其道德实践与行为能力。实践教育不仅是点燃大学生创新思维与自我认知的火花，更是新时代背景下文化育人不可或缺的追求。以红烛志愿者协会的实践为例，该组织围绕环保、社区服务、支教等核心，策划了一系列丰富多彩的志愿服务项目。在这些活动中，学生们不仅培养了实践能力和服务精神，还极大地促进了本校的校园文化建设，形成了具有品牌特色的文化氛围。大学生在实践中学习成长，信念更加坚定，意志更加坚韧，这一过程促进了其思想观念的深化与行为表现的提升，为校园文化实现全方位育人功能开辟了关键路径，让学生在亲身实践中感受文化氛围的熏陶，从而实现校园文化的育人功能。

5. 约束教育法

高校的规章制度深植于独特的制度文化之中，教育者在教学管理中的实践则以其内外兼具的影响力，积极引导和规范大学生的行为言谈。正如前文所述，校园文化以其鲜明的规范性为特点，通过道德标杆与制度文化的双重作用，在行为导向与心理塑造上对师生产生正向影响，促使他们自觉调整言行，以契合校园文化所倡导的标准。面对新时代的挑战与机遇，我们应当充分挖掘并利用管理载体在塑造大学生良好行为习惯中的积极作用，推动其全面发展。

总体而言，教育者的核心任务在于不断优化教学模式、深化科研探索及提升日常服务品质，这是强化约束教育法效能的基石。我们需将学生置于教育体系中心，围绕促进其全面发展与健康成长这一宗旨，巧妙运用约束教育法，塑造积极向上的校园文化氛围，承载并传递育人的深刻使命。为此，应牢固确立人本教育的核心理念，构建并完善一系列制度框架，同时积极纠正学校内部分机构存在的官僚作风，致力于培育一种高效而和谐的管理文化。我们的服务导向应紧密围绕师生需求，实现从刚性管理向柔性教育的转型，秉持尊重与信任的原则，激励学生自我成长，提升其自主管理能力，让学校成为彰显人文关怀与智慧启迪的殿堂。

6. 自我教育法

为有效发挥校园文化的教育培育作用，需紧密融合文化引导与个体的自我教育机制。除却文化本身所具备的渗透、激励、规范及感染等外在影响力外，学生的自我教育能力同样占据核心地位，此即自我教育法的精髓所在。该方法鼓励学生依据个人成长需求，借助自我反省、自我调整等途径，促进自我成长与完善。校园文化唯有深入大学生的内心，被其主动内化与接纳，方能在其潜移默化的影响下，逐步转变自身的行为模式，实现自我超越。因此，学生主动将教育内容内化于心、外化于行，是校园文化发挥育人效能的关键步骤。

在实施教育育人的过程中，教育者应当着重强化大学生的自我意识与参与热情，鼓励他们自发地拥抱并内化先进思想，以此实现个人成长的飞跃。作为引导者，教育者需积极促进大学生提升人文素质的热情，营造一个富含文化底蕴的学习环境，旨在培养大学生形成自主学习的习惯与提高自我调节的能力，进而促使大学生主动地吸收和融合校园文化的精髓。

在新时代的浪潮中，文化育人的理念迎来了更为广阔的理论深化，其内涵因时代的需求而愈加深邃。在进行思想政治教育之际，我们需敏锐地捕捉时代脉搏，积极顺应其发展特性与需求，着力增强校园文化育人的主动性与自觉性。此外，还应通过持续的实践探索，对校园文化育人活动实施全面且周密的规划，搭建起多元化的育人平台。在此过程中，我们需融合采用多种行之有效的育人手段，旨在丰富校园文化育人的实质内容，并进一步拓宽育人的路径与渠道，促进育人工作的全面升级与深化。

第三章 中华优秀传统文化融入学校体育教育

第一节 高校民族传统体育的特点与作用

中华民族在长期发展与演变的历史进程中产生了独特的优秀文化，以丰富的内涵和多彩的形式成为东方文明的鲜明代表。民族传统体育是这一文化宝库中的璀璨明珠，是人们长期实践和经验的总结与积累，也是中华民族地理环境、社会生产、民俗生活、政治军事等作用于体育的产物。它既是人类活动历史自然演化的结果，也是中华民族智慧创造的硕果。民族传统体育是各民族文化的一种标志，认识与理解它的特点、作用和分类有利于学习及了解民族传统体育，有助于推动中华民族的文化复兴。

一、民族传统体育的特点

作为特定自然条件与社会文化交融的产物，民族传统体育汇聚了人类的智慧与文明精髓，丰富多样的运动形式，不仅能促进人们的身心健康，还深刻地启示并激励着人们不断探索其内在规律与深层含义。它既兼具体育的普遍特性，又独具特色，主要体现在其鲜明的民族性、特定的地域性、丰富的多样性、浓厚的节庆氛围以及深远的传承性上。

（一）民族性

民族性，是民族传统体育在其形成与发展历程中，对各民族社会生活的全面体现，它深刻反映了一个民族的集体性格，并展现出鲜明的民族特色。中华民族，作为由 56 个民族共同构成的大家庭，其各个成员在长期的生产活动与社会实践中，创造了丰富多样、各具特色的文化类型与模式，这些文化又进一步塑造了各具特色的民族群体。我国的传统体育内容丰富多样，每个民族都有自己独特的传统体育项目，这些项目蕴含着深厚的民族文化底蕴与意蕴，在很大程度上成为各自民族与地区的标志性象征。

民族传统体育是各族人民生活和劳动积累的产物，每项体育活动都是特定的民族文化的一个组成部分，经过几十年、几百年甚至几千年的承袭，固化为民族精神和风貌的符号。民族传统体育的民族性首先表现在其民族精神上。中华民族崇勇尚德、追求和谐。《周易》曰："天行健，君子以自强不息；地势坤，君子以厚德载物。"不断塑造自我、强调人与自然的和谐是中华儿女一以贯之的思想境界。武术讲究内外合一、动静结合、拳功并重、肌体和精神同步发展，达到"内练精气神、外练筋骨皮"的形神兼备的要求。蒙古族有"男儿三艺"（摔跤、骑马、射箭），其中摔跤蒙语称搏克，意为结实、团结、持久，它是蒙古族那达慕、祭敖包等民俗活动中不可缺少的主项，其宣示的"攻不破、摔不烂、持久永恒"的精神，正是民族特质的象征。同时，56个民族又各有不同的风貌，这些内容集中体现于各族人民的生活习俗，表现在传统体育上差异也很明显，如摔跤这一项目蒙古族称为"搏克"，藏族称为"北嘎"，维吾尔族称为"且里西"，彝族称为"格"。还有朝鲜族、回族等民族式摔跤，它们的运动技术内容大体相近，但竞赛规则和形式互不相同，礼节和服饰独成系统。不同风格的形成，是摔跤运动在这些民族祖辈相传中由其历史文化所决定的。

民族传统体育根植于各族生活的富饶土壤，饱受华夏文明的滋养，在薪火相传中强壮人民的体魄，凝聚人民的感情，每个项目在形成与发展的过程中，形成了不同民族内部共有，同时区别于其他民族体育文化的特征。

（二）地域性

地域性指的是，我国民族传统体育在空间分布上所展现的独特性。

特定的地域是民族赖以生存和发展的空间基础，它深刻地影响着民族的生产方式和生活方式，而民族传统体育活动正是在这样的自然与人文环境中孕育而生的。我国地域广阔，长期的农业社会生产方式，使得各族人民形成了相对固定的居住区域，并发展出了与所处地域相适应的生产与生活模式。这些自然环境和生产方式的影响，使得各地区的人民逐渐孕育出具有不同文化背景的传统体育活动方式，这就是民族传统体育所展现出的地域性特征。

在我国传统民族体育中，俗语"十里不同风，百里不同俗"有着生动的体现。比如"南船北马""南拳北腿"以及"南狮"与"北狮"之别，都是地域性特征的鲜明例证。即便同属一个民族，由于地域和自然环境的差异，其传统体育活动也会呈现出截然不同的风貌。以汉族为例，春节期间，南方多以舞龙、舞狮为主，北方则有跑旱船、扭秧歌、打腰鼓、走高跷等形式多样的体育活动。端午节时，南方民族以龙舟竞渡为主要活动，而北方少数民族以赛马为主。这些活动充分展现了民族传统体育的地域性特征。

自然环境是民族传统体育开展的基本物质基础，人们在进行体育活动时，首先会从本地获取所需的运动器材或工具，并且场地方便、简单易行。例如，古代蒙古族人民"逐水草而居"，过着随水草而迁移的游牧生活，人人精骑善射，产生了骑马、射箭等体育活动；南方气候温和湿润，地多产竹，"竹竿舞"成为黎族、京族等少数民族独特的体育活动，宋代文学家苏轼曾有"蛮唱与黎歌，余音犹沓沓"的生动描述。相比之下，北方天高地阔，生产简陋，生活朴野。在与大自然的严酷斗争中，人们培养了尚武精神，因此赛力竞技游戏十分发达，如摔跤、角力、驰逐、拖冰床等；而南方山环水绕，气候温和，农业精耕细作，物质条件相对优于北方边地。这里的人们性格柔和、灵巧，富于想象，长于智能游戏和技巧游戏，如猜谜、对联、斗茶、弈棋等。当然，这种南北游戏的区分只是概略性的，实际上南北游戏交叉共生的也为数不少。除了南北两大地域的差异外，还存在山乡与水滨、高原与平野等不同的自然环境，游戏娱乐活动也因此因地制宜，如山乡的竹林竞技、水畔的水戏、高原的骑射、平原的登高等，都充分展现了民族传统体育的地域性特色。

长期以来，自然环境决定着人们的生产和生活方式，我国众多少数民族聚居于广大边疆地区，高原、草原、湖泊、林地等差异显著。另外，生产力水平低，交通不便，信息闭塞，也是造成各民族间体育差异的重要因素。北方少数民族主要以畜牧、狩猎、渔业为生活方式，产生了与之紧密相关的运动项目，如赛马、射箭、采珍珠、冰嬉、滑雪，鄂温克族的打棍，鄂伦春族的打靶、滑雪、皮爬犁，赫哲族的狗拉雪橇、叉草球、顶扛及朝鲜族的顶水罐、跳板等。西南地区地理条件和生态环境复杂，少数民族众多，农耕、狩猎、畜牧是这里的主要生产方式，孕育出众多与民族生产生活方式相适应的体育项目，如藏族的马上项目（走马、马上射击、马上射箭、跑马拾哈达）、押加、赛牦牛，苗族的爬滑竿、爬坡杆，侗族的抢花炮、打草球、秋千等。

区域性特点主要体现在以下三方面：一是同一民族在不同区域开展的同一传统体育运动项目，其形态往往存在差异，反映了地域环境对体育文化的影响。二是不同民族在同一区域进行的同一传统体育运动项目，其形态基本相同，这可能是由于该运动项目不是受到特定民族的影响，而是受到地域环境的影响。这体现了文化交流与融合的力量。三是同一民族在不同的区域，其传统体育运动项目也可能呈现出截然不同的风貌，进一步凸显了地域性对传统体育的塑造作用。例如，赛龙舟是南方开展的十分广泛的一项运动，已流传两千多年，深受各族人民喜爱，但各地开展的形式和其所蕴含的文化有很大区别。云南西双版纳地区傣族的赛龙舟于每年傣历六七月（清明节前后10日）的"泼水节"举行，已有两千余年的历史，相传是为了纪念英雄岩洪窝。以汉族人口为主的南方许多地区是赛龙舟的主要发祥地，每年的农历五月初五"端午节",龙舟便在各江河水域上竞渡。但是,这些同一民族的人民赛龙舟的风俗是不一样的,大多数地区是为了纪念爱国诗人屈原,福建仙游县赛龙舟则是为了纪念宋代丞相陆秀夫。由此可见,在水域条件下产生的龙舟运动,不同的地方有不同的内涵,围绕祭祀与纪念的主题,人们结合本地民情风俗寄予赛龙舟丰富的美好情感。

幅员辽阔的神州大地承载着各民族的传统文化,因产生的地域不同,民族传统体育项目呈现出丰富多彩、各具特色的风貌。这些技艺独特、内涵深厚的体育活动,无不彰显出民族传统体育鲜明的地域性特点,使其成为一道独特的文化风景线。

(三)多样性

多样性是一个民族或国家传统风俗习惯文化丰富程度的表现,民族传统体育的多样性是由我国传统文化的多样性和生态的多样性所决定的。每一个民族均有独特的体育项目,种类繁多,琳琅满目,共同构成民族传统体育画卷的绚丽色彩。

民族传统体育的产生往往反映了人们的生活需求和心理诉求,我国民族文化的多元性是传统体育多样性的源头。总体来说,民族传统体育源自生产劳动、军事战争、宗教祭祀、文化交往和健身娱乐等诸多方面,不同的民族由于地域和历史的因素导致民族精神、民族群体品格的不同,这些价值取向和风俗形态上的差异,使得民族传统体育在形式和内容上都具有多样性的特征。从多样性的具体形式上来看,民族传统体育首先表现在其不同项目数量、种类方面;其次表现在同一个运动项目的多样化存在形式上。据《中华民族传统体育志》记载,仅广西壮族就有三种不同的传统舞龙形式,分别是舞板凳龙、舞草把龙和舞地龙。舞板凳龙有独凳龙和多凳龙,其中独凳龙是用一条家用普通花条板凳,可由 1 ~ 3 人舞玩;多凳龙由 5 ~ 11 条板凳巧妙连接而成,每位参与者各举一凳,其中前者代表龙头,后者则象征龙尾。另有一人手持宝珠,逗引着整条龙蜿蜒行进。舞草把龙则采用竹篾扎成龙骨，以山草装饰龙头，用搓成的草绳编织成龙衣。其节数通常为单数，如九节或十一节，玩法与一般的龙灯相似，但需注意的是，不得对其使用爆花。至于舞地龙，其独特之处在于舞龙者并不使用棍子来支撑龙身，而是躬身背负，身上覆盖着龙衣以作遮掩，玩龙头的人可以清晰地看到前方。同样由一人手持宝珠引导龙头前行，后面的舞龙者则紧抓前人的腰带，按照既定的套路紧密配合，共同演绎出精彩的龙舞。

中华民族传统体育文化，作为中国传统文化不可或缺的一部分，在全球化的语境下，更应秉持文化多样性的原则。在坚守民族特色的基础上，我们应积极汲取现代体育的精髓，以科学且理性的态度，去欣赏并借鉴世界其他民族体育文化的卓越成就。通过持续不断的交流、互渗、融合、互补与创新，我们应致力于塑造本民族文化的独特"个性"，使其能够顺应并融入全球体育文化的洪流，实现实质性的发展与繁荣。在当今这个信息高度发达、体育竞技日益趋同的世界里，民族传统体育的多样性成为我们文化滋养的重要源泉，其价值越发凸显。

（四）节庆性

民族传统体育在传统社会中，主要依托节日这一载体进行传承与发展，其节庆性特点尤为显著。节日，作为民族特有的传统庆祝活动，是了解民族古老深厚文化传统、观察社会历史与文化变迁轨迹的重要窗口，它们承载并传递着民族的传统文化艺术，如同一个民族长期形成的全部文化内容的缩影。正是在这些民间传统节日中，民族传统体育找到了传承与延续的舞台。体育作为节日文化活动的重要元素，极大地丰富了人们的生活，也为民族节日增添了独特的色彩。在一些地方和民族区域，独特的体育活动项目成为节日的源泉，形成了如赛马节、花炮节、那达慕、陀螺节等以体育活动命名的节日。这些节日一旦形成，便被人们视为传统的一部分，并被自觉地遵循和沿袭下来，以自身的文化结构与文化系统强化其稳定性，使一些民俗、民间体育活动得以长期开展并传承下去。

在我国传统社会中，各大节日都伴随着丰富多彩的体育活动。春节时，人们会举行舞龙、舞狮、扭秧歌、划旱船等活动，欢庆新年的到来；上巳节也有其独特的体育活动；清明节期间，则有蹴鞠、跳绳、荡秋千、拔河等民俗游戏；端午节时，赛龙舟、赛马成为重头戏，展现了人们的激情与活力；中秋节除了赏月，还有赛龙舟、弄潮等传统活动；而重阳节，登高、爬山等活动是人们庆祝佳节、祈求健康长寿的重要方式。这些体育活动不仅丰富了节日的文化内涵，也体现了我国深厚的民族传统和民俗风情。由于民族传统体育具有调节情绪、烘托喜庆气氛的特殊作用，少数民族人民将其作为婚庆、聚会的重要内容。

（五）传承性

传承性指的是，民族传统体育在时间维度上展现出的连续传衍特性，同时蕴含了一种独特的传递方式。民族传统体育是我国传统文化的重要组成部分，在传承中既有民俗文化的特征，又具有体育本身的特征。民族传统体育的传承性就是指其在发展过程中口传身授、身心结合的实践传递特性。

进入 21 世纪以来，文化的传承，特别是各国各民族传统文化的传承引起了全世界高度重视，传统体育类非物质文化遗产的确立，为民族传统体育这一学科提供了新的内容，保护和传承这些优秀文化已是当务之急。传统文化是一个民族在历史上所创造的文化总和，它涵盖了该民族丰富多样的文化积淀。文化遗产是庞大传统文化体系中传承下来的精华部分，它代表了各民族历史上留下来的、具有极高价值的物质和精神财富。传统文化在传承与发展中可以经历变异、创新和重构，以适应时代的需求和变迁，然而，文化遗产则不同，它必须保持其原有的形态，并得到妥善的保护，而不能被重新创造或篡改。

长期稳定的农耕社会生产方式形成了我国民族传统体育传承的鲜明特点，总体上可以归纳为家庭式传承和社会群体式传承，可以说，一种是半封闭型的，一种是开放型的。

同为人类创造的财富，与物质遗产相比，作为非物质文化遗产的民族传统体育传承中多了传承人这一内容，这是非物质文化遗产传承中的关键因素。

二、民族传统体育的作用

体育项目的形成是一个漫长的历史进程，人们在和大自然相处的过程中不断改变自己和改造社会，以求达到与自然的和谐，实现自身的最大发展，它是人与自然结合的必然产物。民族传统体育作为各民族文化的深厚根基，受到了特定民族经济、文化和民俗生活的深刻影响，以其独特的本质和特点以及所具备的功能，满足着个人与社会的多样化需求。它的作用主要体现在以下几方面：健身娱乐，促进身心健康；文化认同，增强民族凝聚力；人文教育，传承和弘扬民族文化；文化交流，强化和塑造民族形象。

（一）健身娱乐，增进健康

强度适宜的体育运动能够增强人的身体机能，改善健康状况。我国民族传统体育内容丰富，方法多样，可供不同人群选择的空间较大，能够为不同身体条件的人提供适宜的体育锻炼方式，具有显著的强身健体功效。例如，珍珠球、蹴球、抢花炮、马术等少数民族运动项目都能增强参与者的身体素质，并且能够较全面地提高人体的各项机能；而打布鲁、陀螺、雪地走、抖空竹等游戏性较强的传统体育项目也是适宜的大众健身内容和方法。此外，民族传统体育大多在活泼轻松的氛围下进行，将体育寓于娱乐之中，参与者可以获得身心的全面愉悦。

世界卫生组织提出的全新健康概念强调：健康不仅局限于没有疾病，它还应涵盖心理健康以及社会交往层面的健康。健康是人在精神、身体和社会交往三个维度上都保持健全的状态。"中华民族长期形成的清静淡泊、顺应自然的性格特征，追求和谐共处、融合统一、贯通一体的理想，以及注重个人修身养性的务实精神，使民族民间体育打上了中华民族特有的烙印——养生保健性。"中华民族传统体育的养生健康观主要表现在以下三点：第一，顺应人体生理机能、自然规律的和谐养生观；第二，动以养形、静以养神的辩证养生观；第三，注重内心的道德修养观。武术、太极拳、气功等民族传统体育是我国养生健康项目的代表，它们都无一例外地强调身体活动、心理调节以及和谐社会关系对人的健康与长寿的重要价值，这与现代社会中世界卫生组织提出的健康新概念不谋而合。

此外，民族传统体育技能性的艺术表现形式，极具表现力和观赏性。以我国少数民族运动会的比赛项目为例，竞赛项目表现了队员的拼抢与搏斗，比赛节奏跌宕起伏，高潮频起，观众时而为之欢呼，时而为之叹息，兴奋、焦急、赞叹、沮丧，心潮起伏，情绪激荡，人们从中获得了心灵共鸣和精神享受。表演项目则载歌载舞，让观者在轻松愉悦的氛围中体会到了民族的风采、传统的魅力。每到民族节日时，自娱自乐的消遣性游戏使每一个民族成员都能参与其中；技艺精巧、规则鲜明的竞技性比赛更是增加了节日欢乐的气氛。每一次民族节日，总离不开传统体育的介入；每一次民族传统体育活动，都成为民族的盛会、欢乐的海洋。这样欢快的气氛，对参与者和观赏者而言，都是一次心灵的放松、精神的享受，无疑可以起到消除疲劳、缓解紧张的重要作用。

（二）文化认同，增强民族凝聚力

民族是在历史长河中逐渐形成的稳定共同体，其成员共享着同一种语言、地域、经济生活，并展现出共同文化背景下的统一心理素质。民族精神，则是这一民族在漫长历史进程中逐渐孕育并发展起来的群体意识，它集中体现了一个民族的思想品格、价值取向和道德规范，是该民族存续与发展的精神基石。每一种文化都必然催生出特定的民族精神，这种精神是从深厚的民族文化土壤中提炼出的主导性价值取向和思想品格，构成了民族文化的精髓与核心。它贯穿于民族发展的始终，引领并推动着民族文化不断向前发展。

作为一个社会群体，民族拥有统一的信仰和独特的文化。为了加强民族内部的凝聚力，追求并强化共同的群体精神，必须借助有效的手段，而民族传统体育正是这样一种具体而有效的途径。作为民族生活中自然衍生的习俗文化，民族传统体育能够加深民族成员之间的自我认同，促使他们凝聚成一个精神共同体，并对民族文化产生深厚的归属感与依赖性。民族传统体育活动常常以族群、村寨为单位，男女老少欢聚一堂，参与者为了集体的荣誉而奋力拼搏，旁观者为队员摇旗呐喊，或唏嘘，或欢呼。每一个成员都自然而然地参与到本民族的传统体育活动中。民族传统体育使得每一个民族成员都稳定地保持着共同性，任何个人的、例外的做法和想法，都会在传统体育文化和习俗的影响下趋同一致，继而激发了每一个民族成员团结向上的民族自尊心，强化了群体之间的凝聚力，也使每一个个体被群体的文化所影响，产生了强烈的文化认同感。这种文化认同感在国家层面上得到进一步升华，成为国家屹立于世界民族之林的伟大精神力量，是民族在激烈的国际竞争中保持不败之地的内在支撑和核心要素。

（三）人文教育，传承民族文化

民族文化是各民族在其历史长河中创造并发展起来的，蕴含着本民族独特特点的文化，它涵盖了物质文化与精神文化两大方面。一个民族的优秀文化是该民族历代成员创造与智慧的结晶，为该民族提供了生存与发展的精神动力，并维系着民族成员的生存与延续，同时赋予其独特的世界观和鲜明的个性特征。民族传统体育是各族人民在生产实践、社会活动过程中创造的文化娱乐方式，含有丰富的民族文化内涵，是民族性格、民族精神的行为性表现手段，也是最易被人理解，最生动形象的民族文化表现形式。以武术为例，它已成为海内外了解和认知中国文化的一个重要媒介。再如，蒙古族的摔跤、射箭和赛马，蒙古族人称它们为"男儿三项技艺"，是蒙古族每一个男子必须具备的技能，也是衡量男子有无本领的重要标准。观赏者通过表演者精湛的技艺、果敢的行为领略到蒙古族汉子豪放的民族性格、奔放的民族气质，体味到草原游牧民族的文化特色。传统体育正是以这种生动形象的肢体语言传递着民族文化，使民族文化得以世代相承。

民族文化通过民族性格来体现和发展，而民族性格要通过民族文化的教育来塑造。民族传统体育就是进行文化教育的大讲堂。纵观民族传统体育的发展过程，它始终与教育息息相关。在人类历史的早期，人们主要通过口传身授的方式传递劳动与生活技能，如赫哲族的"叉草球"，就是为培养孩子们叉鱼的兴趣和技巧而开展的一种集娱乐与提高渔猎生产技能于一体的体育活动。随着专门学校的设立，传统体育活动也被列为学校的教育内容之一，如西周时期六艺中就含有"射、御"的体育内容；近代学校体育教育中设立了以武术为主体的民族传统体育课程；到了现代社会，民族传统体育更是在大、中、小学体育教学中担任着重要角色。将民族传统体育融入学校体育教育，不仅丰富了体育教学内容，给大学生提供了更多可选择的体育锻炼方法，而且有助于培养大学生坚强的意志品质、团结协作的集体主义意识，更是大学生了解和认识民族文化、增强爱国主义情感的重要途径与有效方式。此外，民族传统在道德修养和审美情趣的培养方面也发挥着不可替代的作用。在我国流行了几千年的龙舟竞渡活动，被赋予了纪念爱国诗人屈原的内涵，歌颂了爱国主义精神，参与者及观赏者都怀着强烈的民族自豪感投入其中，使人们得到了心灵的净化与升华，潜移默化地接受着道德教化。

第二节 高校民族传统体育的传承

民族传统体育作为民族文化的一个重要组成部分，在各民族互相交流、冲突及发展中，既保留了本民族活动方式，也借鉴和吸收了其他民族的活动内容。

体育是社会发展的产物，它的发展程度与国家的体育体制有着很大的关系，体育体制构建出体育的发展框架，为体育的发展创造条件，提供政策支持。我国的学校体育、竞技体育和社会体育共同担负着我们国家体育发展的任务。学校体育、竞技体育和社会体育三者相互联系、相互影响。学校体育的功能是全方位的，对国家体育的影响也是源泉性的，学校体育为竞技体育提供后备人才，也为社会体育的发展打下良好的基础。高校体育教育专业致力于培养从事体育教学、课外体育活动组织、课余体育训练与竞赛工作等领域的高素质、高技能专门人才。这些人才具备在社区、企事业单位以及相关体育协会中从事体育指导工作的能力。因此，高校体育专业教学质量的好坏，高校体育专业科研的好坏，直接影响我国体育的发展水平。

传统体育的发展离不开高校体育专业，教育部对传统体育人才的培养十分重视，在各大体育院校和师范类院校的体育院系中设立了传统体育专业。传统体育专业的开设，为我国传统体育的发展提供了有力的支撑，它将为传统体育的传承与发展提供良好的理论和实践基础。传统体育专业为传统体育的发展培养了大量的人才，包括博士、硕士、本科和专科等几个层次的人才。

传统体育专业的发展水平直接影响着我国传统体育的传承与发展。重视传统体育专业的发展，在一定程度上能推动我国传统体育的研究与发展。

一、发展学校传统体育的战略意义

（一）发展传统体育在高校素质教育中的战略意义

中国传统体育作为文化体系的关键构成，深深植根于素质教育理念，对于增进教育对象的身体、心理、思想及文化素养方面展现出不可忽视的影响力。

1. 传统体育有助于提高大学生的思想品质

中国传统的体育项目在大学生思想品德教育方面发挥着重要作用。此处所述的思想品德，强调身心兼备，蕴含深远的哲学思想，有助于大学生树立科学合理的人生观和价值观。同时，它深受传统文化熏陶，成为多种传统文化理念的镜像，其博大精深、影响深远，直至今日仍保持着强劲的感召力。它引领个体在规则框架内的嬉戏与互动中，达成体育活动的和谐统一，并逐步领悟礼仪与道德的真谛。以我国繁多的武术类别为例，大学生通过系统的学习和训练，不仅可以深化对武术的认知和领悟，还可以激发他们的学术热情，以及培养其高尚情操与爱国情怀。传统体育内蕴的这些促进人格全面发展的元素，对大学生体育素养与道德教育产生着潜移默化的正面效用。

2. 有助于进一步强化团结的思想意识

自中华人民共和国成立以来，国家政府高度重视全国人民的根本权益与民族团结。在推进社会主义体育事业的征程上，强调传统体育文化的弘扬被视作执行党的方针、巩固民族团结及提升国民整体素质的关键举措。高等院校作为传承与弘扬传统体育文化的重要平台，将这些传统体育项目融入体育课程体系，成为传递该文化精髓的理想渠道。这一举措不仅深刻影响着大学生情感维度的塑造，亦显著增强了他们的集体团结精神。鉴于传统体育项目蕴含独特的地方风情，彰显丰富多彩的文化特性，拥有强大的吸引力与感染力，大学生通过亲身体验传统体育活动，得以深化对文化深层意义的认知与领悟，促成了文化层面的交流互鉴。这一实践过程有效激发了他们的正面团结意识，促进了情感的成熟，并有力推动了爱国主义教育的实质化开展。

3. 传统体育有助于提高大学生智力水平和个性修养

尽管增强体质是体育最直接的目标，其深远意义却超乎此范畴。体育活动在促进大学生认知发展上担当着关键角色，尤其是通过加强脑功能的途径。传统体育项目对大脑成熟、智力增进、记忆与思维能力的提升展现出了明显效益，同时，它们还积极地促进了大学生观察能力与想象力的拓展。当前广为流行的项目，如"武术""气功""太极拳""推手""木兰拳""导引""摔跤"等，不仅具有多变性、动态静态结合及个体与集体的双重特性，还各自拥有独特的魅力。配合科学的教学策略，这些活动能充分发挥体育教学的独特性，锻炼大学生的实践与思考技能，促使其更加机敏、观察力敏锐且富有创意，通过深化思维，我们可以启发智慧之光，而智识的成长与个性的修养是相辅相成的。在大学生活中，传统体育不仅有助于提升大学生智力发展，还有助于塑造其完善个性。它不仅借助传统文化的底蕴来熏陶大学生，引导他们形成高雅、文明的生活习惯和对高尚情操的追求，还通过体育锻炼的本质属性，如锻炼意志力、培养无畏勇气及坚韧毅力等，发挥作用。此外，传统体育还教导大学生如何处理个体与集体间的关系，既能够激发大学生的竞争意识，又能够培育其团队协作精神。

4. 有助于实施"学校体育与终身体育接轨"的教育思想

当前，"终身体育"的概念被广泛赞誉，它鼓励个人即便在完成学业后，也能持续进行体育活动，将校园内形成的体育习惯与知识延伸至整个人生，从而使体育的益处贯穿始终。但现存的问题在于，教育体系内的体育活动与社会体育实践之间关联不够紧密，缺失了必要的连贯性桥梁。我们通过观察踏入职场的群体发现，大多数人在就业后才着手学习传统的体育项目以维持健康。在此背景下，高等教育阶段的体育教育作为连接校园体育与社会体育的纽带，扮演着培养个体终身体育意识、技能及习惯的黄金时期角色。因此，高校体育课程应加强对传统体育项目的推广，强化两者间的过渡与融合。普及传统体育，不仅能够有效激励大学生的参与热情与积极性，还能够培育他们形成终身体育的观念，奠定持续锻炼的生活方式基础。同时，高校体育教育需指导大学生依据个人实际情况，在校内学习并掌握一至两项简便而实用的体育锻炼技巧，作为其终身体育活动的基石，为日后的终身体育道路做足准备。

5. 传统体育有助于提高大学生综合素质

高校体育教育的目标明确规定了以"育人"为根本原则，致力于激发并指导大学生自发且积极地投身体育活动，确保他们掌握自主从事体育锻炼的基础技能，同时培养其"终身体育"的兴趣与习惯。传统体育活动融合了趣味和娱乐属性，既能作为体育竞技，又能作为休闲游戏，使大学生在愉悦放松的环境中学习，陶冶心灵，维持青春活力，因而广受大学生群体的喜爱。从实际效果来看，这些体育活动亦逐步塑造了大学生开朗自信、乐观向上的性格特质，以及勇于竞争、奋力拼搏和持续进步的精神风貌。鉴于此，我们应当持续优化教材内容与教学策略，吸引更多大学生主动参与，引领他们步入终身体育的轨道。

（二）发展传统体育在高校体育教育中的战略意义

经过长期的实践经历让我们深切地意识到，体育课程内容与形式亟须紧跟时代发展的步伐进行革新。考虑到传统体育项目在高等院校素质教育体系中担当着不可或缺且独特的职能，高校在推进体育教育的革新过程中，应重视将传统体育元素有机融合到素质教育中。

1. 在体育教育思想上，应大力培养和激发大学生正确的体育学习动机

在学府内推行传统体育项目，能够破除以往单一依赖西方现代竞技体育的教学模式。鉴于传统体育形式多样且蕴含独特的健体养生功效，其对于树立

终身体育教育观念尤为重要。大学生们依据个人实际情况，诸如年龄、性别、体质及兴趣等，选取适宜的传统体育活动，不仅激发了他们参与体育锻炼的积极性，从"要我练"的被动状态转为"我要练"的主动意愿，还显著增强了锻炼成效。同时，传统体育兼备观赏价值与娱乐性，与大学生的纯真、活泼及进取心态相契合。在教学与训练流程中，教师演示、大学生跟随的模式全面激活视觉与听觉感知，实践过程既富趣味又具竞争性，使每位参与者都感到愉悦振奋，充满生机。此番变革理应成为体育教育革新之基点，旨在构建中华文化特色的高校体育教育新体系。

鉴于此，在实施体育教育实践中，我们应考虑融入新颖的教学元素，如"愉悦体育""趣味化体育""文体结合""健康体育"等理念，旨在打破传统教育中对竞技体育的过度侧重。通过这种方式，不仅能够使课程内容更加多元化、充满活力，还能够有效唤醒大学生对体育活动的浓厚兴趣，进而促进其全面发展。

2. 在教学方法上，应由重"教"向重"教学相长"转变

常规教育模式往往沿袭一套既定流程——"讲授—演示—实践—纠错—深化"，并倾向于将大学生对"三基"（基础知识、基础技能、基本技巧）的掌握程度视作评估体育教学质量的核心指标。尽管如此，鉴于传统体育项目根植于民间，拥有广泛的社会基础及深厚的公众喜爱度，它们在教学环节中展现出独特的价值，不仅能够彰显大学生的个性化优势，还促进了知识的传播与示范作用。在这一过程中，倡导师生间相互尊重、互学共进及平等相待的原则，旨在营造积极正向的教学环境。同时，强调对信息的即时调控与反馈机制，确保以大学生的学习需求为导向，教师的教授活动扮演辅助角色，这意味着，教学活动应以大学生的学习为中心，教学策略需源自并服务于大学生的学习需求。评估体育课程时，提倡采纳"三维教学评价体系"，全方位审视课堂教学在生理层面、心理层面及社会层面的影响与成效。

3．在教学内容上，应增加传统体育项目

在高校融入传统体育课程，能大幅度增强体育课程内容的多样性，拓宽大学生选课的空间，进而转变以往以田径、球类等常规项目为主导的课程结构。此外，大学生投身于传统体育活动，不仅能够深刻领悟其蕴含的丰厚文化底蕴，亦能激发他们对体育运动的热情，使他们在参与实践的同时体验到心灵的愉悦，有利于身心健康。有大量文献资料证实，大学生们在学习传统体育项目时，表现出了强烈的兴趣及高度的参与积极性。他们对传统体育展现出显著的心理偏好，尤其是对新颖且陌生的传统体育文化抱有强烈的好奇心与热忱，这有力地证明了传统体育所具备的旺盛活力，进一步强调了在高校推广传统体育教育的必要性和迫切性。

概括而言，从传统体育项目中提炼出精华内容，并巧妙融合课堂教育的适当环节中，不仅能够深化大学生对民族文化的理解，更能激发体育课程的教学活力与吸引力。

4．在教学形式上，应实施主体性教育

教育的核心目的在于促进个人全面发展，其中体育教育在塑造大学生主体角色方面起着关键作用。因此，强调面向全体大学生实施以大学生为中心的教育模式。为了达成这一愿景，我们应当将体育教学的范畴从传统的课堂讲授拓宽至课堂的间隙与课外时间，把过去单一乏味的技术训练转变为形式多样的体育实践，使体育竞技由少数人的舞台转变为全员参与的多元化体育健身活动。同时，着重培养大学生从被动接受向主动投身各类体育活动的心态转变，从"被迫练习"转为"自发锻炼"，以此策略切实提升大学生的体育素养，实现体育教育的根本宗旨。

（三）发展传统体育教育的其他战略意义

1．高校体育课堂将成为传统体育继承和发展的重要平台

进入 21 世纪后，全国各大高校的体育教育学院紧密围绕市场对体育领域

新兴人才的需求进行教育教学，积极创立新学科并调整教学规划。时至今日，众多高校体育学院已广泛纳入传统体育学科领域。在此趋势下，结合理论讲授与技能实训的传统体育课程，已成为体育专业教育的重要组成部分，它不仅契合了学科内在发展的迫切需求，还紧密贴合了时代的脉搏。与此同时，传统体育项目正稳步在高校公共体育课程架构中赢得一席之地，并日益受到重视。

当前阶段，高等教育体系内的体育教育改革正历经快速发展期，传统体育教学模式与课程评价体系正面临深刻的变化和转型，尤其是选项制教学模式的引入，为古老的体育活动与现代高校体育课程体系的融合带来了新的机遇和活力。针对这一变革动态，各地高校需紧密结合本地实际情况，精心规划具有地域特色的传统体育项目，并稳步推进其普及过程。通过这一路径，融合表演性、娱乐性、审美价值、健身益处与教育意义于一体的传统体育项目，因其深受大学生喜爱，将自然而然地融入体育课程体系，成为大学生可自主抉择的学习单元。

2. 传统体育在高校中的开展是促进其现代化的强有力的推进器

传统体育活动的当代转型，涉及在保留其核心特质的基础上，从技术革新、制度优化及文化深化三个维度推进现代化进程。此过程中，高校需逐步促使传统体育活动的动作技能更为直观、多元，训练方法更趋科学化、标准化，竞赛体系越发公正、透明，并促使管理体系及规章制度日臻完善、合理，同时深化体育活动的文化内蕴，提升其娱乐吸引力与观赏价值。

高校传统体育项目的推进，应当建基于民间体育活动本质特征的承继与弘扬，同时对其外在表现形式加以新颖的探索和创新尝试。举例来说，高校可在动作编排、展示手法、服装设计与音乐鼓点配合等方面，融入现代创意元素，使之兼具时代特色。高校作为思想活跃、观念创新与发展理念交汇的开放平台，传统体育在此环境中的实践无疑将加速其现代化的脚步。此过程不仅促进了传统体育的国际传播路径探索，还为深入理解其客观发展规律及文化驱动力提供了实质性的借鉴，有利于未来对传统体育全球化步伐的精准把脉和方向指引。

3. 传统体育文化将成为高校人文素质教育的重要补充

源于中国古代劳动人民日常劳作的传统体育活动，逐渐演化成一种体现中华民族独特风貌和特色的本土体育文化遗产。当前，在高等院校深化大学生人文素养培育的进程中，校方领导及教育者们着重于锻造大学生的集体主义精神、积极进取态度与乐观向上的品质，同时强调文化的传承、风格的弘扬及特色教育的重要性。他们巧妙地将传统体育元素融入校园文化建设，借由庆祝中国传统文化节日及校园庆典的机会，推广传统体育项目，如组织大学生参与扭秧歌、舞龙舞狮等，以此途径使大学生体会到体育活动的健康益处，并通过观赏这些富含文化底蕴的体育展示，提升其审美鉴赏能力。因而，作为高校人文素质教育的关键组成部分，传统体育文化的融入不仅是对大学生全面发展的积极响应，也是高校体育事业朝继承与创新并举方向发展的必然道路。

4. 传统体育在高校中的开展间接为体育产业的开发和区域经济的发展服务

高校中传统体育项目的推广，间接地为体育产业的培育及区域经济增长提供服务。

自改革开放以来，经济增长为体育事业带来了新的活力，社会基础因经济繁荣而在传统体育领域得以巩固。在此背景下，体育旅游逐渐成为新兴趋势，同时国内外传统体育赛事数量显著增长。近年来，多所高等院校被指定为国家级体育研究基点，它们作为参与传统体育竞赛的关键实体，深入渗透到传统体育的组织架构、教育培训等各方面。这一措施不仅促进了传统体育文化资源向经济效益、娱乐价值及健身应用的转化，还将激发区域经济增长，增强城市品牌效应，并加快地区开放进程。另外，传统体育产业的繁荣兴旺，正是通过市场机制的有效运作，积极回应了民间及高校对传统体育快速发展的强烈需求，进而助力传统体育在广阔领域内的普及与推广，形成一个积极的反馈循环，这正是我们所期盼的理想状态。

总之，作为承载传统文化的媒介，传统体育丰富的文化意涵与独特性质使之与高等教育体系中的体育课程融合尤为契合。高等院校作为传承与弘扬传统体育的关键场域，承担着不可小觑的使命。在高校推行传统体育的过程中，几个鲜明特点凸显：首先，竞赛活动加速了传统体育的普及步伐，一股传统体育热潮在校园内悄然兴起；其次，将传统体育融入校园文化庆典，使大学生在参与的同时，潜移默化地接受传统文化的影响；最后，利用传统体育活动推广全民健康意识，深化了校园内的健身观念。诚然，高校实施传统体育教学仍面临多方面的挑战与限制，但展望未来，传统体育的发展图景蔚为壮观，充满希望。未来令人憧憬，将有更多传统体育项目融入高校体育课程体系，成为提升人文素质教育不可或缺的重要组成部分。此举不仅将有力增强大学生的综合素养，推动传统体育与现代元素的深度融合，还将激发体育产业的创新活力，助力地区经济发展产生积极而深远的影响。

二、高校传统体育的发展

传统体育专业在传统体育的发展进程中有着十分重要的作用。特别是在经济全球化的今天，传统体育专业在传统文化的传承与发展中有着相当重要的位置。传统体育专业与传统体育共生共荣，两者相互促进、相互支撑，共同推动文化的发展。

（一）重视传统体育专业的发展

传统体育作为中国传统体育文化的象征和代表，经历数千年的发展走到今天，有它的历史必然性。学历教育在当今社会已经成为文化传承的主要载体，这是不争的事实，我们必须面对；传统体育在当今社会已经走向低谷，这也是不争的事实。今天的世界已经不再是传统体育萌芽、发展、完善时期的世界了，对传统体育的价值要重新定位。在现代体育理念下，要发展传统体育文化，我们就要勇敢面对过去、现在和将来，努力传承祖国的文化遗产，使其不至于丢失殆尽，因此必须重视现代文化的主要载体教育，因为这里是我们文化传播的主要阵地。

重视传统体育的发展要重视传统体育专业人才的培养。对传统体育教育专业的师资队伍和大学生队伍要齐抓共管。教师队伍是传统体育专业的传道授业者，他们担负着重任，在专业建设中的角色是不言而喻的，教师队伍水平的高低直接影响到专业的方方面面，教师队伍建设是关系到专业建设前途的重要事情。同样地，传统体育专业培养的大学生对社会的影响是源泉性的。他们的辐射作用很强，能够影响周围一群人的生活方式，带动他们工作单位、生活社区的人们开展传统体育运动。尤其是现代人生活节奏加快，生活条件提高，营养过剩带来身体上的疾病困扰，从而对健身长寿方面的要求增大。很多重视健康长寿的人非常希望学会传统养生健身的方法。因此，要取得这样的社会效应就必须提高传统体育专业大学生的素质，拓宽大学生的知识面，使之有较强的综合运用知识的能力和社会实践的能力，让他们走向社会的基层，在社会上起到应有的带头辐射作用。

重视学科建设、深化教学改革、重视教学科研是传统体育专业走向未来的必由之路。传统体育专业是在武术专业的基础上发展起来的，武术专业经过多年的积淀，已经形成较为科学完善的教学体系，无论教学方法还是教学内容都极其丰富，也很有特色。自从武术专业改为传统体育专业以来，传统体育养生与民间体育两个专业方向的课程还相当薄弱，基本课程还是以武术为主，课程本身没有建立完善的教学体系，有待进一步发展与完善。传统体育专业现在还是实行单招制度，招生工作还有待进一步解放思想，招生的范围还应该进一步扩大，对传统体育养生和民间体育专业方向的生源文化理论基础还要提高门槛，招生生源的质量有待进一步提高。教师队伍还有待进一步加强建设，教师的综合素质还要进一步提高，基础薄弱的课程还要加强建设。教师不但要教好书，更要加强科研工作，进一步挖掘传统体育的内容体系和学科体系，使之与专业相配套，通过社会调查，与大学生就业情况相结合，形成科学的理论体系。

国家要加强对传统体育专业建设的政策支持与关注。文化的传承只能是利用现有的资源进行有效的熏陶，创造文化氛围。文化只有深入国人的灵魂，使之成为血液中流动的一部分才能得到真正的传承。与其束之高阁，不如把更多的注意与关注投入教育中去，让这个本来就承载有教育功能的现代教育，承担发扬祖国传统体育文化的功能，这是一件一举两得的善事，也是我们每个华夏子孙应该贡献的一份力量。

（二）传统体育的发展需要传统体育专业的支持

传统体育的发展需要适应时代的要求，适应文化的发展方向。传统体育要发展，必须要适应时代的要求，一味地保护只能带来文化的覆灭，与时俱进才能有利于文化的发展。传统体育文化要符合文化的发展规律，也要与时俱进，这样才能适应文化的发展方向。

学历教育已经成为文化传承的主流，传统体育要用好这个平台。现代社会对知识的依赖程度很高，人们在接受知识教育的漫长过程中，传统文化的渗透是在不经意间进行的。教育部门在选择体育教师时，要选择适当比例的传统体育专业的毕业生，让他们担当发展传统体育的重任。学校在安排体育课时，要安排相当数量的传统体育项目课程，让大学生知道什么是我国的本土体育，什么是外来的西方体育，加强爱国主义教育和传统文化教育。传统体育教师要安排适当的时间讲授传统体育的理论知识，让大学生知道传统体育文化是我们的根。传统体育文化的传承问题不是光靠开几个传统体育运动会就能解决的，而是要在教育中传承自己的文化，让教育的平台发挥它们的作用。这就要依靠我们的体育教育工作者辛勤耕耘，让传统体育文化扎根于大学生们的心中，使这种爱国主义的情怀通过教育的作用，萦绕在祖国的每一块土地上。

传统体育的发展需要传统体育专业的支持，需要国家与社会的共同努力。传统体育的发展，主要依赖于体育系统与教育系统的领导。体育系统领导通过从中央到地方的传统体育工作，为传统体育制定发展方向。同时，还有各层各级的传统体育的训练队伍，这是一支不可忽视的力量。体育部门的运动队和体校为传统体育专业提供单独招生的生源，同时为国家输送优秀的传统体育运动员。教育系统从高校到地方学校为体育系统、教育系统和社会体育输送人才，为传统体育的发展提供科研和决策。体育系统、教育系统和社会体育系统三大系统相互配合，形成一个综合系统，共同对传统体育的发展产生影响。在这三大系统中，传统体育专业起到十分重要的作用，是这些系统的最高阵地，具有战略的高度。

现代社会是人才的社会，人才是决定社会层次和发展战略的重要决定性因素。要发展好传统体育，传承祖国的优秀文化，人才是一个核心的问题。因此，传统体育要走向正确的发展方向，必须得到传统体育专业的大力支持，并与其共同探索振兴传统文化之路。

（三）传统体育专业引领传统体育发展的方向

传统体育专业经过多年的建设，无论是学科体系还是建设成就，在传统体育教育方面均处于领先地位，传统体育专业的师资是中坚力量。传统体育专业大学课程自 20 世纪第二个 10 年开设，至今已有近百年的历史。经过几代人的摸索，传统体育专业如今已经成为参天大树，在体育教育界独树一帜。其能在现代教育体系中扎根，是几代体育人努力的结果，更是本土文化与外来文化斗争的结果。传统文化是一个国家独立于世界的标志，如果一个国家丢失了传统文化，就会失去自我，像现代工厂流水线上的产品一样，成为文化的复制品。东方体育强调自然，和谐统一，这与现代社会形成极大反差。传统体育专业发展的方向，代表我国传统体育的发展方向，传统体育专业发展的方向正确，我国的传统体育就会朝良性的方向发展。如果传统体育专业的发展迷失了方向，我们的传统体育文化将会丢失殆尽，世界将会失去东方体育文化。所以，确立传统体育专业在大学中的地位对确立传统体育文化的方向尤其重要。

在传统体育专业建设过程中，传统体育工作者对传承传统体育文化、挖掘传统体育文化遗产、发展传统体育方面做出了不懈的努力。为了适应现代体育的发展，传统体育工作者对传统武术进行了改造，不断总结各个传统门派的武术，从中挖掘不同的文化基因，使其向竞技武术迈出了可喜的一步。但他们的这种尝试却以丢失传统武术中许多宝贵的精神为代价。因此，传统体育专业在研究我国文化时要保持文化的独立性，不能均以西方的标准来评判得失成败。传统体育专业的学者在这一方面做得很好，他们在研究传统体育文化时既保持了我国文化的开放性，又捍卫了体育文化的独立性，引领了传统体育的发展方向。

传统体育在发展过程中得到许多也失去很多。通过大量的整理与挖掘，与现代快节奏的生活相配合，切实整理出符合现代人的传统体育项目，是传统体育专业亟待解决的课题。另外，理论界在传统体育的理论研究上还要更加深入，使之推广，让人们接受。

21世纪，人类已经步入一个全新的"知识经济时代"。传统体育屹立于世界之林的关键在于知识的创新，而这种创新要依赖于大学教育中的传统体育专业的发展与创新。重视传统体育专业教育的发展战略，有利于传统体育文化的发展，也是传承传统体育文化的重要手段，是传统体育走向理论与实践相结合的教育实践。

三、非遗视角下我国学校传统体育发展路径

作为中华民族传统文化不可或缺的组成元素，传统体育是非遗领域中一颗绚烂的明珠，深刻地映射出华夏民族的生活哲学、习俗传承、智慧积累及价值导向。时至今日，随着国家非遗保护工作的大力推进，学术界正广泛而深入地

探索传统体育的弘扬与发展的新路径。在此背景下，高等教育体系内的"校本课程"革新成为催化剂，促使传统体育在校本课程中初露头角并逐渐壮大。多领域的学者与专家立足文化学、社会学等多元学术维度，密切关注校本课程的建构进程，并在实践中凝聚了共识：应依托非遗名录中的武术项目及富含地方色彩的拳术种类，来设计与推动传统体育校本课程的研究实践。因此，在非遗的宽广视野中，强化传统体育校本课程建设不仅是地域武术与高校体育教育深度整合与协同发展的有力推手，也对传统体育的全面振兴与未来发展具有重要而长远的实际意义。

（一）非物质文化遗产与校本课程的含义

非物质文化遗产，是指那些被各社区、群体，乃至个人视为其文化遗产不可或缺组成部分的各种社会实践、观念表述、表现形式、知识技能以及与之紧密相连的工具、实物、手工艺品和文化场所。它内涵丰富，形式多样，独具特色，展现出活态性与不可复制性等文化特质。正确认识和理解非物质文化遗产的这些特征，对于我们在当前语境下把握其发展脉络，追溯文化根源，固本强基，以及实现继承与创新具有重要意义。校本课程（SBC），这一概念源自"学校课程"，其核心在于学校在深入理解国家课程纲要的基础上，结合自身的特点和丰富资源，自主组织并实施课程。具体来说，校本课程是以学校教师为主体，在国家课程和地方课程得到有效实施的前提下，通过科学评估本校大学生的实际需求，充分利用当地社区和学校的课程资源，结合学校的办学理念和目标，精心设计出的课程方案。

（二）非遗视角下传统体育校本课程开发的基本原则与条件

在构建体育校本课程体系时，应秉承"三级课程管理机制"的理念，紧密联系自身实际情况，对国家级课程方案实施适应性调整或融入独到之处，旨在协调"国家—地域—学府"的宏观目标，保障课程开发工作的平稳推进。

1. 以校为本，凸显特色

秉承"校本为主"的理念，体育课程的定制需深度融合学校的教育哲学、宗旨及实际情境，始终围绕大学生的发展需求，致力于大学生的综合素质提升。实施该原则时，几个核心要点需铭记：首先，确认课程开发的主战场及主导者为学校自身；其次，课程构建需全面展示学校的个性特征与资源条件，彰显其独到之处；最后，课程开发的指导思想需紧密切合学校的教育理念及体育教育的既定目标，以保障课程与学校总体教育导向的协同一致。

传统体育构成了一个广泛而深邃的知识领域，全球范围内孕育并维系着各式各样的本土体育实践。这些体育活动超越了单纯的体育锻炼范畴，更深层次地，它们作为一种独特的文化表征形态存在着。探究与整理传统体育项目，要求我们不仅要洞悉其蕴含的文化特质，还要追溯并领悟滋养其生长的文化根基。因此，在构建以学校为基础的传统体育课程时，应遵循三项基本原则：①课程设计需全面彰显传统体育项目的独特韵味及其深层含义；②课程应深植于地方文化的沃土，践行"适应环境，顺势而为"的理念，紧密贴合本地经济社会实情，将地域文化元素融入其中，着重开掘那些富含地域标识和乡土情感的传统体育运动；③课程应突出学校体育的个性化特点。秉承校本课程开发的根本思想，需在透彻分析学校具体实际的前提下，立足学校自身，发挥优势，调动多元资源，创新且合理地推进课程建设。鉴于每所学校的独特性，传统体育校本课程的构建应当充分激活教育社群——涵盖管理层、师资队伍、大学生及家长——的能动性和创新精神，有效利用校内外体育资源，携手促进学校的全面繁荣发展。

一个整合的课程管理体系涉及国家、地方与学校三个层面。实践中，体育课程编制应采纳分而治之、综合规划的思路，消除学科间隔阂，树立全面课程规划的观念。在课程开发环节，要确保教学材料紧贴大学生日常生活，充分适应大学生的个性化学习需求至关重要。缺乏来自国家与地方政府层级的指引和支持，以学校为主体的课程开发可能会沦为空谈。因而，在推进校本课程体系建设时，我们不仅要加强学校课程的系统性和协同性，还须巧妙调和校本课程的特异性与灵动性，旨在达成"国家—地方—学校"三级联动的课程管理体系建构愿景。

高校在设计传统体育的校本课程时，应当系统考虑地域特性、时机选择及学校自身的具体条件，实行适度原则，防止盲目跟风。鉴于每一所学校的独有属性，这些差异突出表现在软硬件资源配置上，涵盖了教师队伍的实力、学院架构、文化底蕴、校园文化和体育氛围等多方面，大学生的体育文化需求亦呈现多样性。因此，在构建校本课程体系过程中，学校需对其基础条件与实施可能性做出周密评估与精确定位。通过采纳"精选—构建—执行"的策略，精心挑选符合本校实情的传统体育项目，旨在迎合大学生广泛的体育爱好与文化诉求。

在开展校园特色课程编制的实践中，首要的是确保课程体系构建的合理性。这意味着，传统体育项目作为校园特色课程的发展应当与国家级及地区性课程相互协调，共同筑建一个逻辑严密且科学的课程架构。此外，课程内容的设计必须彰显其科学性及系统性特征。具体操作上，课程设计需侧重于弥补大学生体育知识与技能的"双基"短板，强化体育基础知识与基本技巧的教学，同时在此根基上渗透传统体育校园特色课程的深层理念，以培养大学生的深切归属感及认同感。

2. 明确目标，遵循规律

（1）明确独特的学校教育哲学和学校体育特色。普遍而言，国家针对各种教育机构设定了统一的培养目标及规范框架。但这些规范大多局限于基本准则，难以全面反映各校的独特性和细致特色。随着个性化教育时代的兴起，社会对体育活动的需求越发多元与精细。在此背景下，国家正积极推动素质导向教育，如何在常规体育课程的土壤上培育出具有学校自身特色的课程体系，成为亟须探讨的议题。

在校本课程开发的进程中，确立清晰的目标并细致考量以下几个维度的问题至关重要：从宏观层面讲，首要的是精确界定教育学学科的导向，深刻领悟社会人才培养的终极目标。其次需要全面把握传统体育学的学科属性、特色及其学科价值定位，并在此坚实理解的基础上实现学科间的高效融合。至于微观层面，首要之举是深入探查师生的现实状况，全面考量学校的教育资源与传统背景，并以此为根基设定符合实际的发展路径。课程开发工作则应紧贴学校办学宗旨，凸显教育理念。课程编排不仅要展现传统体育的传承性、健身功能及文化底蕴，还必须与学校的教育哲学紧密结合，相辅相成。

（2）在构建传统体育校本课程的过程中，教育机构需致力于塑造一个兼具民主精神与开放特性的组织环境，该环境的营造体现在两大关键领域：首先，校长的领导力与支持至关重要。这不仅涉及校长需在教育理念上发挥引领作用，确保教育实践紧跟社会发展的步伐，还需为课程开发工作创造一个积极的外部条件。其次，学校应组建一个结构有序且动力充沛的体育教学团队，其中，体育组组长需展现出卓越的组织协调与团队合作能力，以便在校本课程的策划与实施环节中担当起核心的组织者、协调者角色，实现资源的有效整合与项目推进。

（3）塑造专业技能和学术性强的体育教师团队。在体育教育领域中，体育教师担当着不可或缺的角色，他们不仅是体育知识的传递者，更是教育活动的启发者、引导者及评估者。与其他辅助性角色相比，该角色占据着核心地位。体育教师常常被视为体育知识与技能的丰富源泉，犹如一部活生生的体育教科书。其独特价值体现在能够向大学生传授体育技能，成为体育知识与体能锻炼智慧的传递者。尤其在传统体育课程的教学实践中，教师不仅需要掌握精湛的技术技巧，还应具备一定的学术素养。在"技艺与理论"相结合的教学过程中，教师应引领大学生达到知识与实践的融合，深刻理解运动的本质。鉴于此，教育机构应积极构建技术指导团队，利用成员间的互补优势，强化体育教师队伍的凝聚力与专业发展。

体育教育课程的资源构成是确保该课程有效实施的必要元素，涵盖人力、物力及财力的广泛范畴。鉴于体育课程的独特性质与实践要求，其相较于其他学科，与课程资源配置的关联度更为深切。同时，学校自主开发的课程体系对其涉及的教学领域提出了更高级别的资源需求。概括来说，课程资源可细分为人力资源与物质资源两个主轴。人力资源囊括了直接参与课程设计与实施的多方人员，如体育教师、专业顾问、大学生群体、家长以及社区合作伙伴等。物质资源则涉及课程实施的实际条件支持，包括运动场地、器材设备、基础设施以及可资利用的体育项目资源等。

（三）非遗视角下传统体育融入校本课程的路径

1. 传统体育引入校本课程需要把高校作为实质载体

高校作为培育国家未来社会栋梁的核心机构，不仅肩负传授深厚社会科学知识的职责，还承担着培养具备鲜明社会主义情怀青年的重大使命，是文化精神传承与发展的关键平台。传统体育在此过程中扮演着举足轻重的角色，尤其在传承精神情感、提振大学生自信及自豪感方面展现出其独特价值。将其融入高校体育教育体系，无疑将为大学生的传统文化教育注入强劲动力。体育活动不仅是深化大学生对文化及身体技艺认知的有效途径，还能够在大学生的认知体验中树立精神导向。因此，强调实践经验与感知的传统体育，无愧为中华传统文化的璀璨明珠，它不仅规范个体的身体行为，协调认知活动，更激发了参与者的深切归属感与认同感。

校本课程开发应紧密融合这些特点，传统体育课程的学科演进规律与项目特性，深入探索其历史文化底蕴，并拓宽技术应用范畴。作为传承与实施这一课程的桥梁，学校不仅构筑了政府与民间互动的沟通桥梁，也极大推动了从"国家级—地区级—学校级"的全方位发展目标的落实。

2．加强师资培训，增强校本课程开发意识

从非物质文化遗产保护的角度审视，开展与构建校本课程是一项旷日持久且至关重要的使命。我国的传统体育作为一种蕴藏丰富特色及独特文化标识的体能实践，在历史的洪流中，凭借其独特的身体运动形式，展现了民众的情感世界与集体记忆。因此，对其加以开发与建设，不仅需要广博的理论基础，还需要高超的技艺支持。

通常情况下，高等院校体育教育工作者是体育课程设计与实施的关键角色，他们承担着技术传授、资料积累、理论探索及教学方法创新等多元化的责任。因此，强化师资队伍的能力培养与提升其认知水平，成为推动学校特色课程发展的首要课题。但鉴于各地区经济状况、教育资源分配不均以及独特的文化环境差异，部分学校的体育教师在认知层次和专业技能上较为不足。这进一步凸显了加强高校体育教师团队建设的重要性与迫切性。

为了全面增强师资的教学专业能力，高校可从以下几方面强化教师培训举措：①激励核心教师提升技艺、拓宽专业领域，借助外出交流机会吸取其他学科课程的宝贵经验，以此增进其教育技术水平及学术素养。②邀请校外顶尖课程理论学者或实践经验丰富的专家莅临指导，引入先进理念与实践案例。③推行"资深带新秀、理论与实践结合"的培养模式，使实战型教师与理论型教师形成互补，加速理论与实践的深度融合。另外，高等院校应树立正确导向，保持开放胸襟，构建有利于教师成长的优质平台，深化其对课程开发理论的认知，助力其形成科学的课程观念与教学理念。

3．重视"文化空间"的保护和促进校本课程的"活态传承"

"文化空间"是非物质文化遗产的关键表现形式。此类口头与非物质文化遗产，体现为文化场所或民间及传统表现形式，将被确认为人类口头与非物质遗产的典型代表。非物质文化遗产作为活态文化传统，蕴含生命力，区别于博物馆展示的静态标本，它承载着历史的记忆与脉络。近年来，随着社会日益增长的非物质文化遗产保护意识，相关项目的发展与建设亦被置于挖掘和强化的前沿地带。目前归入非物质文化遗产范畴的传统体育活动，富含鲜明的地方特色，这一特点恰与当地自然环境、社群架构及民众文化心态紧密相扣。加大对地域性传统体育项目的关注度并成功将其融入地方教育体系，不仅能够有力维护支撑传统体育存续的社会环境，也对拓宽与保护"文化空间"具有正面推动力。

第三节　高校民族传统体育的组织与管理

组织管理中的组织有"编排""安排"之意，管理有"管辖""治理""控制"等含义。

一、民族传统体育教学活动的组织与管理

民族传统体育教学活动是一种有目的、有计划、有组织地向人们传授民族传统体育知识和技能，提高身体活动能力，增进身心健康的教育过程。民族传统体育教学活动的组织与管理是指为保证民族传统体育教学活动的秩序和效益，实现民族传统体育教学活动的既定目标，对教学活动进行设计与控制的工作过程。

（一）教学活动的组织形式

随着人类社会的进步，作为社会活动之一的体育在人们生活中的作用日渐突出，集民族性、健身性、娱乐性于一体的民族传统体育更是受到群众的喜爱。根据人们的需求，民族传统体育的教学已不仅局限于学校课堂教学，还走出校园，开展了社会培训教学与对外传播教学等。

1. 学校课堂教学

学校课堂教学中的民族传统体育，是指教师在体育课堂上，遵循《体育

与健康课程标准》、教学计划、教学大纲、教学进度及教案等指导文件，有系统、有计划地向大学生传授民族传统体育运动的深厚知识、精湛技术与实践技能，不仅着眼于提升大学生的身体素质，更在传授过程中潜移默化地培养大学生的高尚道德品质、坚忍不拔的意志品质以及积极向上的良好性格特征。民族传统体育的学校课堂教学特点有：①在教学内容方面具有较大的选择空间。按照《体育与健康课程标准》中的相关要求，学校可以在当地的民族传统体育资源中选择适宜的民族传统体育项目作为教学内容。②注重技术教学与文化传承的融合。教师在向大学生传授运动技术的同时，还要注重向大学生介绍与项目有关的历史与文化，激发大学生的民族自豪感和爱国情感。③注重技术教学与教学研究。教师在教授大学生运动技术的同时，还要加强对民族传统体育教学资源的开发、教材的建设、动作的科学化规范化、课的运动负荷、教学方法等的总结与研究。

2．社会培训教学

民族传统体育的社会培训教学是指，为了满足社会公众对民族传统体育的健身需求，或者为了更加广泛、深入地开展某一民族传统体育项目，由体育行政部门、群众体育社团或者经营性体育健身会所组织的，以长期或短期培训指导的形式开展的教学活动。民族传统体育的社会培训教学的特点有：①教学依据的薄弱性。社会培训教学多有着明确的教学内容和教学目标，但开展教学活动的依据，如专门的教材、教学计划、教学大纲等是不具备的或不完全具备的。②形式的多样性。社会培训教学有俱乐部式教学、指导式教学，有长期教学、短期教学、单次教学，有数百人的大型教学、有几十人的小型教学，有几个人甚至是一个人的私人教学等。③授课对象的复杂性。社会培训教学的教学对象没有统一的入学标准，其组成较为复杂，往往年龄相差悬殊、健康状况不一、身体素质有别、文化水平参差不齐等。

3．对外传播教学

民族传统体育的对外传播教学，是指为了向国外推广和弘扬中华民族传统体育文化或满足外国人对中华民族传统体育的需求，在国内外针对外国人开展的民族传统体育教学活动。民族传统体育对外传播教学的主要特点有：①灵活的教学组织。教师可根据不同国家和地区大学生的喜好灵活地安排授课形式，并根据其身体条件和理解程度等安排课程进度。②准确恰当的教学语言。尽量做到运用外语进行教学，同时要考虑到大学生的文化背景和思维方式，力求语言表述的层次和顺序清晰，讲解准确、简洁、形象与生动活泼，以利于大学生对所学技术的正确理解与掌握。③传统文化的输出。适度地结合运动技术中所涉及的中国传统文化，适时地输出中华民族古老而优秀的文化，增加大学生对中国传统文化的了解，提升其学习兴趣。

（二）教学活动管理的基本内容

民族传统体育教学活动的管理是指在相应的教学思想的指导下，按照既定的教学目标，通过一定的教学组织形式，对教学活动进行规范安排，以保证良好教学质量的系列活动。民族传统体育教学活动管理的内容较多，其基本方面有四点：教学目标管理、教学内容管理、教学过程管理和教学环境管理。

1. 教学目标管理

教学目标管理，是指在民族传统体育教学中，教师对大学生参加民族传统体育教学活动预期达到的结果，以及对预期产生的行为变化的预测性安排与制订。教学目标可以划分为总体目标和具体目标。总体目标是对某一阶段或某一次民族传统体育教学活动所要达到的预期结果的总体制定。具体目标是根据总体目标，对每一个教学单元所要达到的预期结果的具体制定，逐一实现具体目标，也就达到了总体目标。教学目标不仅是教学的出发点，而且还是教学的归宿，它既有定向功能又有调控功能。无论是在民族传统体育的学校课堂教学、社会培训教学还是对外传播教学中，教学目标的管理都是非常关键的一环。

2．教学内容管理

教学内容管理，是指在民族传统体育教学中，教师根据教学时间、教学任务和教学目标的要求，在了解大学生学习基础的前提下，对所要教授的民族传统体育运动项目的内容进行较为深入的钻研、理解和把握，合理地确定每一堂课的教学内容、重点及难点，预先考虑符合教学内容及大学生接受能力的教学方法等的计划与安排。民族传统体育的教学内容既是教师教的内容也是大学生学的内容，同时是教学过程中最具实质意义的要素。教学内容来源于教材，鉴于民族传统体育教学参考书的状况，在教学中，如果没有可以直接参考的教材，就需要通过查阅其他具有权威性的参考书籍来帮助明确教学内容。教师对教学内容的管理是民族传统体育教学活动管理的重要组成部分，是教师必须具备的重要的教学管理能力之一。

3．教学过程管理

教学过程管理，是在民族传统体育教学的过程中，为了有效地组织教学，以实现教学目标，教师在教学的过程中对教学时间、教学组织、教学秩序等进行的调节与控制。教学时间的管理，是教师根据教学进度计划中对课的具体内容的安排，对一次课的不同环节，即课的开始部分、基本部分和结束部分所需要的时间进行合理的分配。教学组织的管理，是根据教学的需要，在上课过程中，教师通过采取调动队伍、变换队形、集体教学、分组教学、个别教学等形式以利于良好的教学效果的达成。教学秩序管理，是为了保证教学工作的顺利进行，教师在课堂中对大学生提出应该遵守的有关规定，对大学生的课堂违纪行为以及对偶发事件的及时控制与处理。

教学过程管理，是实现民族传统体育教学目标、提升教学质量的重要保障。

4．教学环境管理

教学环境管理，是指为了保证民族传统体育教学活动的顺利开展，对教学活动所需要的物质与心理环境的创设和协调。教学环境管理内容中的物质环境主要包括教学场所的自然环境、器材设施、大学生人数、队列队形等；心理环境主要包括课堂学风、课堂常规、课堂气氛、课堂人际关系等。教学环境的优劣，对有效实现教学目标具有非常重要的意义，在某种程度上决定着民族传统体育教学活动的成败。良好的教学环境，可以促进大学生对所学民族传统体育项目的了解与认同，激发大学生的学习热情，达到较为理想的学习效果。为了最大限度地发挥教学环境的正面功能，我们必须从民族传统体育教学的实际需求出发，对教学环境进行精心创设与优化。这涉及精选、整合、调控并优化教学环境中的各类要素，主动发掘并充分利用环境中的积极因素，同时抑制、调整乃至消除不利因素，旨在达到民族传统体育教学环境的最优状态。

（三）教学活动管理的基本方法

在民族传统体育教学活动中，无论是学校课堂教学、社会培训教学还是对外传播教学，都统一于教学活动。对民族传统体育教学活动进行管理，是维护正常的教学秩序、实现教学目标的保证，常用的管理方法有行政管理方法、教师自我管理方法和大学生评教管理方法。

1．行政管理方法

行政管理方法，是指由学校的教学管理部门（教务、体育部门）或者民族传统体育教学的主办方，为开展民族传统体育的教学活动和实现教学目标所采取的管理措施、手段与办法等的总和。一般来讲，学校的教学管理部门通过系列的、较为完善的教学管理制度的执行来实现对包括民族传统体育教学活动在内的教学活动的管理。民族传统体育教学的主办方则会根据教学活动的目的、内容和地点的不同，较为灵活地对教学活动进行管理。在运用行政方法对民族传统体育教学活动进行管理时要注意以下几点：①充分认识到行政管理方法的本质是服务。②建立灵敏有效的信息传输系统是行政管理方法有效运用的保证。③运用行政管理方法不能忽视教师的利益要求，应将行政管理方法同其他教学管理方法结合起来综合运用。

2．教师自我管理方法

教师自我管理方法是指，在民族传统体育教学活动过程中，教师以自身的职业道德规范，根据教学目标、教学对象、教学环境等对教学活动的投入进行的自我安排与调控。民族传统体育的教学活动离不开教师的个体劳动，教师的劳动不仅发生于上课环节，还有课前准备和课后延伸环节。教师的劳动投入也是教学活动顺利开展、达成教学目标的最重要的部分。教师在劳动投入方面是存在差异性的，而且投入的多少是难以量化、观察和比较的，需要教师以高度的自觉性进行自我管理。教师进行自我管理时应注意以下几点：①明确教师职业的崇高性。②充分认识到教师的个体劳动对大学生获得和运用知识的重要性。③具有高度的自觉性和责任心，尽量减少其他负面因素的干扰。

3．大学生评教管理方法

大学生评教管理方法，是指在民族传统体育教学过程中，通过大学生对教师的评价，实现对教师教学活动的约束与控制。在民族传统体育教学活动过程中，教师既是民族传统体育文化、技术和技能的传播者，又是大学生的服务者。服务的提供与服务的接受同时发生，将服务质量的评价权利交由服务对象会更具管理效率。在运用大学生评教管理方法对民族传统体育教学活动进行管理的过程中，需要满足以下条件：①大学生对教师的教学活动过程以及这一过程的质量关键点能够完全了解，且在不同的大学生个体之间有统一的标准。②大学生应具有公正的思想，以公正的评价标准进行公正的判断。③教师在整个教学活动中不能向大学生做出任何言语或行为上的暗示，更不能动用其他手段。

二、民族传统体育竞赛活动的组织与管理

民族传统体育竞赛活动是以增强人民体质、丰富社会文化生活以及夺取优胜为目的，以民族传统体育项目为比赛内容，以运动规则为裁判尺度所进行的

个人或集体之间的体能、技艺、心理品质和智能较量的活动。民族传统体育竞赛活动的组织与管理是遵循体育竞赛的规律，通过对民族传统体育竞赛项目、时间、人员、经费等条件的合理安排，以达到竞赛目的的工作过程。

（一）竞赛活动的类型

综观民族传统体育赛事的状况，民族传统体育竞赛可分为综合性民族传统体育赛事、其他综合性体育竞赛中的民族传统体育项目赛事和单项民族传统体育赛事三种类型。

1. 综合性民族传统体育赛事

综合性民族传统体育赛事，是多个民族传统体育项目集中在一次运动会中进行的综合竞赛形式。例如，每4年举办一次的全国少数民族传统体育运动会以及各省、自治区、直辖市举办的少数民族传统体育运动会均为综合性民族传统体育竞赛，它由各级民族事务委员会与体育部门联合主办。其特点是：全部项目均具有鲜明的民族性；参赛选手的年龄跨度较大，具有较强的业余性；竞赛的规模大，组织工作较为复杂；注重比赛过程中的礼仪程序，如开幕式、闭幕式、颁奖仪式等。

2. 其他综合性体育竞赛中的民族传统体育项目赛事

其他综合性体育竞赛中的民族传统体育项目赛事，是指在综合性民族传统体育赛事之外的其他综合性体育竞赛中举办的一个或几个民族传统体育项目比赛。例如，每4年举办一次的全国运动会中的武术比赛。这些民族传统体育项目赛事由综合性体育竞赛的主办方根据承办方的申请及对承办方进行综合考察后，交由承办方举办某个民族传统体育项目的比赛。赛事的组织要统一于综合性竞赛，无论是运动员的参赛资格，还是竞赛成绩的录取办法等，都要符合综合性竞赛的规定。

3. 单项民族传统体育赛事

单项民族传统体育赛事是专门为某一个民族传统体育项目而举办的竞赛形

式。例如，全国以及各地的武术、健身气功、舞龙舞狮、柔力球、中国式摔跤、毽球、龙舟等比赛。单项民族传统体育赛事是目前民族传统体育竞赛开展得较为广泛的形式，有全国性的比赛，有省、区、市、县以及基层的比赛等。单项民族传统体育竞赛一般由各级体育部门或单项民族传统体育项目协会等主办，其特点是项目单一，便于组织，能够有力地引导和推动单项民族传统体育项目的发展。

（二）竞赛活动管理的基本要素

随着民族传统体育竞赛活动的日益增多，为确保其竞赛的有序进行，并取得良好的综合效益，体育竞赛管理部门和承办竞赛活动的组织者势必要求对民族传统体育竞赛活动进行必要的管理。根据管理的基本内容要素，对民族传统体育竞赛活动的管理主要涉及人员、设施和经费三方面。

1. 人员管理

在民族传统体育竞赛活动中，除运动员、裁判员、观众等，根据赛事的层次与规模，有的还需要记者、志愿者等人员的参与。在竞赛活动中需要对上述人员进行管理。

（1）裁判员。裁判员是民族传统体育竞赛活动中不可或缺的关键角色，他们依据详尽的竞赛规则与流程，负责精确评判运动员及队伍的战绩、胜负与排名。为确保竞赛的顺利进行，裁判员的管理非常重要。在一次竞赛活动中，对裁判员管理的主要内容有：赛前举办有关裁判员培训班，通过一定形式的理论和实践考核，遴选业务能力强、制裁水平高的人员参与裁判工作；在赛前，深化裁判员对竞赛规则的理解，实地熟悉比赛场地，统一裁判标准，开展模拟执裁练习，并预见可能遇到的挑战、应对策略及其解决办法；对在裁判工作中表现突出、思想端正、业务水平强的裁判员进行表彰，对在裁判工作中出现不正之风和有意错判、漏判等的裁判人员进行惩罚等。

（2）运动员。运动员是民族传统体育竞赛活动的主体，在尽可能满足运动员竞赛期间的吃住行和其他合理要求的同时，还要对运动员进行管理，其目的在于创造有利条件，使运动员能够发挥应有的水平，取得理想的成绩。一般来讲，赛会的组委会根据赛事的安排，向参赛队提出统一的要求和具体的规定，如用餐、用车、赛前检录和赛后颁奖等，由各参赛队的领队、教练员负责管理好其参赛队员，督促运动员自觉遵守赛会的有关规章制度。

（3）观众。观众是观看民族传统体育赛事活动的人，观众虽然不是竞赛活动的主体，但有时其行为也会对比赛结果产生一定的影响。为了保证比赛的顺利进行，较为客观地发挥竞赛活动的功能，秩序人员需要加强对观众的管理。对观众的管理工作主要有：赛前，提醒并阻止观众携带违禁物品入场，有序地引导观众入场，做好突发事件的规避与应急等；赛中，确保观众不影响、破坏比赛秩序；赛后，有秩序地引导观众离场等。

此外，在一些较大规模的民族传统体育赛事活动中，主办方还要对前来进行赛事宣传报道的记者提供相关的服务、保障与做好协调工作等，确保相关比赛信息及时、准确地传递。如果需要志愿者为民族传统体育赛事活动提供服务，主办方还要对招募的志愿者进行统一管理，并需要志愿者所在单位的协助管理，以及赛会具体使用部门的归口管理等。

2．设施管理

任何一项民族传统体育赛事活动都离不开必要的符合规定的场地和器材，为了给运动员创造良好的比赛环境，确保其竞技水平的充分发挥，需要对场地和器材进行管理。

（1）场地。不同的民族传统体育项目对场地有着不同的要求，有的民族传统体育项目需要室内场地，如武术、摔跤、珍珠球、毽球等；有的需要室外场地，如风筝、板球等。对比赛场地的管理主要有：在比赛之前，按照竞赛部门提出的场地要求布置赛场，如场地所需器材的购置、运输、安装，场地无障碍区的距离、场地的空间高度、裁判区、发奖区、练习区、热身区、检录区、运动员更衣室、裁判员休息室、贵宾区等；对场地进行消防设备、电器设备等的安全检查；对与比赛场地有关的灯光、空调、音响、网络、计时记分、大屏幕显示、成绩处理等设备进行检修和试运转等。在比赛过程中，要对场地与设备的运转情况予以跟踪、应急处理、维护和保养等。比赛结束后，还要对场地进行复原处理，对有关设备进行维修保养等。

（2）器材。在民族传统体育的各项竞赛活动中，在对场地有着不同的、具体的要求的同时，对器材也有不同的、具体的要求。从竞赛的角度看，有运动员个人或一个运动队共同使用的器材，如弓箭、马匹、龙舟等；有参赛运动员共同使用的器材，如秋千架、靶标、蹴球等；有裁判员使用的器材，如秒表、指挥旗、记分牌等。对器材的管理主要有：运动员个人器材参赛标准的检查与核定；参赛运动员共同使用的器材与裁判员使用器材的准备、购置和保管；比赛过程中器材的及时发放、回收、保管和维修等。赛后要收回器材，认真核对，归还持有方。

3．经费管理

任何一项民族传统体育竞赛活动的组织与开展都需要有一定的经费支持。虽然经费的多少与来源可能不同，如国家财政拨款、工会等社会组织的福利基金、企业或个人赞助等，但是在民族传统体育竞赛活动中，无论经费来自何处和经费多少都必须统一管理，以保证经费的合理使用，避免损失、滥用和违法乱纪。对经费的管理主要有：根据竞赛过程中各项工作的需要，认真测算、合理安排；经费的分配要由赛会领导层集体审定，不能由一个人说了算；各项开支必须符合国家有关规定和要求，要有定额和标准；支出报销要有合法的规定凭证以及相关部门领导的批准等。

（三）竞赛活动管理的基本流程

无论是民族传统体育的综合性赛事还是单项赛事，无论是国家层面的比赛还是地方层面的比赛，都需要遵循并按照体育竞赛活动的流程开展民族传统体育竞赛活动的管理工作。民族传统体育竞赛活动管理的基本流程为编制竞赛计划、制定竞赛规程、建立工作机构、运行比赛和处理赛后事宜。

1. 编制竞赛计划

民族传统体育竞赛活动管理的初始任务就是要编制一个富有实效的竞赛计划。一个完整的民族传统体育赛事计划一般由两个部分组成，第一个部分是民族传统体育竞赛计划的说明，即制订竞赛计划的指导思想、竞赛规模、竞赛形式及需要说明的问题；第二个部分是民族传统体育竞赛计划表，也就是将竞赛名称、参加对象、竞赛日期、竞赛地点、竞赛条件、经费预算等有条理地、清晰地、简明地列入其中。民族传统体育竞赛计划的编制是一项复杂的超前性工作，存在诸多不确定的因素。一般来讲，在编制计划时要预先开展的主要工作如下：①了解高一层次的民族传统体育竞赛计划，并以此为依据。②对历年来民族传统体育竞赛工作的计划与总结等资料进行比较和归纳，借鉴以往的经验和教训。③征求上级主管部门的意见和建议，了解承办方的办赛条件等。竞赛计划编制完毕后，报送上级主管部门批准后执行。

2. 制定竞赛规程

竞赛规程作为民族传统体育竞赛计划的细化执行蓝本，详细规划了每一届或特定民族传统体育竞赛的运作框架。竞赛规程对于民族传统体育竞赛活动的组织与管理具有高度的权威性和指导性，被视为该领域组织者与参与者必须共同遵守的"法规"。举行任何规模、任何层次、任何形式的民族传统体育竞赛，都必须制定与之相适应的竞赛规程。这一规程通常由主办单位负责制定，并涵盖竞赛的名称、目的、举办日期与地点、主办与承办单位信息、参与单位、参赛办法（参赛运动员条件，参加的运动员、领队、教练员及随队人员数量、运动员可参加的项目数、每项限报人数、以及参赛的其他规定等）、竞赛办法（竞赛采用的规则、赛制、录取名次及计分办法、运动员违反竞赛规定的处罚办法、比赛器材、服装、号码等）、录取名次与奖励、报名和报到（运动队报名和截止报名日期，运动队、裁判员报到日期、地点）、裁判及仲裁团队的选派、特别提示与补充事项以及规程最终解释权的归属单位。竞赛规程的内容是从民族传统体育竞赛管理的角度制定的，不同民族传统体育竞赛的规程内容是不完全一样的，竞赛规程判定者可根据不同竞赛的性质、目的和项目特点予以补充和取舍。

3．建立工作机构

在制定竞赛规程的基础上，还要依据民族传统体育竞赛的规模、层次和要求，建立相应的临时工作机构。民族传统体育竞赛的工作机构通常由竞赛需要的各方面代表组成，并在主办单位的领导下负责组织和执行竞赛的全部工作。工作机构一般下设办公室、竞赛、场地设施与环境、后勤接待、交通保障、安全保卫、医疗卫生等部门。另外，也可根据民族传统体育竞赛的规格和规模，增设信息技术、新闻宣传、电视转播、兴奋剂检查、赞助企业权益保障、财务审计、志愿者工作、观众服务等工作部门。总之，工作机构的部门设置要根据竞赛工作的实际需要，各工作部门的负责人与工作人员的确定，需要由主办单位与承办单位进行充分的沟通和协商，使各工作部门按照赛会的要求各司其职，确保赛会顺利进行。

4．运行比赛

在前期准备的基础上，至比赛正式开始前，各个部门及有关人员应配合完成如下工作：竞赛的编排，秩序册的编印，开、闭幕式的安排，比赛场馆、场地、器材、备品的检查与验收，运动队、裁判员、官员驻地的检查验收，赛前裁判员培训学习与实习，召开联席会议、技术会议，运动队赛前训练安排，赛会交通、安全保卫、医疗急救工作的落实等。

比赛正式开始至比赛结束，是民族传统体育赛事活动管理流程中的主要阶段。此阶段既是对前期准备工作的检验，又需要针对比赛期间出现的具体问题做出及时的应对性处理，并遵循既要有利于比赛的进行，又要有利于运动员水平发挥的处理原则。正式比赛期间，各工作机构必须紧紧围绕竞赛工作这个中心，协调有序地开展各项工作，高质量地保证竞赛的顺利进行。竞赛部门要加强对赛风赛纪的管理、做好成绩的录取与公告、颁发奖励证书和奖牌等工作；新闻宣传部门要做好对运动队、裁判员、工作人员和观众的宣传教育，为记者采访提供服务；安全保卫部门要负责运动员、裁判员、官员驻地、赛场以及大会交通的安全；后勤接待部门要严把食品卫生关、安排好车辆以及运动队、裁判员的返程等。

5. 处理赛后事宜

随着正式比赛的结束，民族传统体育赛事活动管理的基本流程已至尾声，但还未结束。比赛结束以后的工作还有：竞赛部门及时编制和印发比赛成绩册；后勤接待部门要做好运动队、裁判员、官员的送离工作，与场馆、酒店、交通、餐饮等方面进行财务结算。此外，各部门还应及时清理、归还借用的器材、用具，整理、归档各种资料，撰写并上报工作总结。至此，对一次民族传统体育赛事的管理工作全部结束。

第四章 中华优秀传统文化融入高校大学生管理工作

第一节 高校大学生管理工作

当今时代赋予了高校大学生管理工作新的要求与期待，面临着把握机遇、应对挑战的紧迫任务，让其旨在培育符合社会主义建设需求的高质量接班人。因此，深化高校大学生管理工作，有效应对新时代的召唤，成了当前至关重要的职责与使命。

一、高校大学生管理的内涵

（一）高校大学生管理的概念

学生管理又称学生事务管理，这一学术概念的起源可追溯至美国，并在教育界内被广泛采纳。它涵盖辅助、监管及管理学生的一系列非学术活动，旨在促进学生的全面发展与平衡成长。作为高校管理体系的关键构成，学生事务管理与学校的持续发展、前进动态及其文化根基紧密相连。因此，强化并实施国内高等院校的学生管理工作，不仅是学校内部的职责，也是现代社会对高等教育提出的一项核心使命。

1. 高校大学生管理概念的形成

"学生管理"这一术语起源于教育行政领域，由该部门创设并推广，其核心涉及学生登记注册、日常出勤监管、奖励惩罚制度及毕业流程规划等实践活动。随着时间的推进及学生事务治理边界的拓展，"学生管理"已从教学管理的专属话语转变为学生事务工作者共通的专业用语。追溯至 20 世纪 80 年代，我国高校广泛设立了专注于学生管理的职能机构，彼时由后勤部门负责的学籍处理、奖惩评估等业务，也逐步整合进入学生管理的专项工作范畴。

当前阶段，我国高等教育体系正经历一系列深远的教育变革，这些变革犹如疾风骤雨般急剧推进，正促使学生管理工作边界不断拓宽并趋向精密化。在这一范畴内，学生资助政策、勤工俭学机会及职业规划指导等新兴议题日益受到瞩目，进一步丰富与多元化了"学生管理"的内涵——它既关涉对学生个体（人）的引导与管理，也涉及对学生相关事务（事）的全面统筹与治理。

2. 高校大学生管理的定义

学生管理工作范畴的阐释涉及两个层面：广义与狭义。从宏观点审视，学生管理工作实质上等同于广泛的学生工作领域。反之，狭义的界定则聚焦于学生事务管理的特定方面，着重于应对学校日常行政任务，区别于核心的教学活动。作为根基深厚且具有专业性的实践，学生事务管理在辅导员职能体系中居于核心层次，同时构成了学生管理工作整体框架的基石。缺乏这一稳固基石，后续的思想品德培育、科技创新教育等关键领域将难以获得坚实的支持与保障。

高校大学生管理工作围绕两个核心主体展开：一方是承担管理职责的辅导员群体，另一方则是作为管理客体的广大学子，两者相互依存，共同推动学生管理工作的进步。进入 21 世纪以来，伴随着国内高等教育大规模扩招政策的深化执行与社会经济环境的飞速发展，思想意识、工作策略、学习实践等方面均呈现出了明显的变化趋势。这些变化导致了我国高等教育在学生管理工作中不断面临新的问题、矛盾和状况，传统的学生管理模式正遭受前所未有的考验。因此，精确洞察现代大学生的独特属性，对管理体系实施创新变革，并提升学生管理工作的水平，已是当务之急。

（二）高校大学生管理的内容

高校大学生管理涵盖了大学生从入学至毕业这一在校阶段的全过程管理，

其涉及的内容广泛而复杂，其中主要包括以下几方面。

1. 德育管理

在高校实施大学生管理工作的过程中，德育管理占据着举足轻重的地位。具体而言，高校学生的德育管理是指高校依据大学生的心理与品德成长的特有轨迹及形成原理，采取有导向性、规划性和组织性的措施，对大学生实施一套心理影响体系。它旨在内化特定的思想伦理观念，促进其个性化的思想品德建构。换言之，高校在执行大学生管理工作时，应注重与德育教育的有机融合。

2. 学习管理

高校作为培育人才的核心阵地，其使命在于培养出德、智、体、美、劳全面发展，具备创新精神、实践能力和社会责任感的高级专门人才，使人才为社会主义现代化事业贡献力量。因此，高校学生管理工作的首要任务在于学习管理和思想引领，旨在将学生培养成为专业知识丰富、业务技能精湛的高素质人才。

在当今新时代，互联网技术日益发达，改革开放不断向更深层次、更大力度推进。在学习方面，我们不仅要专注于专业知识的学习，还要广泛涉猎各个领域的书籍，以开阔视野，并培养全局意识。青年人的价值取向对社会未来的价值导向具有深远的影响。青年人正值价值观塑造与巩固的关键阶段，所以在此时期加强对价值观培育的重视与实施显得尤为重要。

3. 学籍管理

高校学生学籍管理是指高校遵循党的教育方针、教育自身规律以及大学生的身心发展特点，对已获取学习资格的学生进行的综合管理。它涵盖了入学注册流程、学业成绩的评估与记录、升降级处理、系别或专业转换及转学操作、休学与复学管理、退学手续、奖惩制度的执行、毕业资格的审核与毕业相关事务等多个关键环节所实施的综合管理。

具体而言，高校学生学籍管理需着重做好以下几方面工作：首先，要严格进行大学新生的入学资格审查；其次，要加强大学生的成绩管理，这对于全面了解和掌握教师的教学质量以及学生的学习状况，进而及时发现问题，并据此采取相应措施改进教学、激发大学生的学习积极性具有至关重要的作用；最后，还需认真进行大学生的毕业资格审查工作。

4. 生活管理

从内容方面来说，高校学生的生活管理应包括对大学生在校期间的一切生活活动的管理，如饮食管理、起居管理、着装管理、健康管理等。在高校学生管理工作中，大学生生活方面的管理是一项十分重要的内容。这不仅会决定大学生的身心能否得到健康发展，而且会决定大学生能否建立正常的学习、生活和工作秩序，甚至还会决定高校的人才培养目标能否得到有效实现。因此，高校必须要对大学生的生活管理予以足够的重视。

5. 日常行为管理

作为育人的重要基地，高校的职责不仅涵盖传授知识和培养人才的工作，还涵盖众多与学生息息相关的工作，其中尤为关键的一项便是对学生的日常行为进行管理。日常行为管理的范畴广泛，涉及学生在课余时间的一切活动，主要包括学生宿舍生活的各方面、网络使用与游戏行为的监管、交友及恋爱方面的引导等。这些看似微不足道的工作，实际上对大学生的成长与发展具有至关重要的影响，甚至可能决定他们未来的人生选择与发展轨迹。

值得注意的是，不同专业的学生在生活管理方面的需求和内容也存在差异。以体育专业的学生为例，他们需要教师和其他学校管理人员特别关注自己情绪波动的问题。这类学生不仅要学习理论课程，还要接受实际训练或参加体育比赛，这要求教师和其他学校管理人员更加关注他们的情绪变化，并积极采取措施提升他们的抗压能力。

与此同时，因为大多数学生均为首次脱离父母独立生活，其中部分学生甚至是远离父母前往极为遥远的城市求学，所以他们在心理层面极度渴求慰藉。辅导员以及其他教师应当更多地留意他们的心理发展状况，增加与学生的交流，关怀他们的情感状态。相较于高中，大学是一个更为开放和自由的环境。众多学生虽然已年满 18 周岁，属于成年人范畴，但他们的阅历尚浅，经验匮乏，对各类事务的处理能力有限，因此，需要教师予以指导和引领。

6. 资助管理

大学生资助是指在高校资助体系的框架下，向普通本科及专科教育阶段中的经济困难学生提供财务援助。此举旨在通过多样的资助方式，缓解学生的经济压力，确保学生能够继续学业，健康成长并达成个人发展与成才的目标。经济资助政策在高校扮演着关键角色，既是实现教育公平的坚实基础，也是保护公民受教育权利、应对人才培养紧迫需求的有效策略，同时，它还作为调节人才市场供需平衡及导向的重要杠杆发挥作用。

在党和国家的深切关怀下，教育部与财政部等携手各地方政府，根据各高校的实际情况，建立了一套较为全面的经济困难学生资助政策体系。该体系核心内容概括为五大支柱：奖学金、助学贷款、助学金、困难补助及学费减免，简称"奖、贷、助、补、减"措施。

7. 体育管理

大学生要想成才，为我国的社会主义现代化建设做出贡献，首先要具有健康的身体。因此，在高校学生管理工作中，大学生的体育管理也是一项不可忽视的内容。

所谓高校学生的体育管理，指的是由高校进行组织，引导大学生依照特定的体育锻炼标准，有目标、有规划、有秩序地开展体育锻炼活动，进而塑造健康的身体，以适应在校期间紧张的学习以及未来的工作需求。此外，高校学生的体育管理要想取得良好的成效，应特别注意以下几方面：一是高校学生的体育管理必须与大学生的身心特点相符合；二是高校学生的体育管理必须与教育规律相符合；三是高校学生的体育管理必须与学校的体育管理原则相符合；四是高校学生的体育管理要尽可能以最少的投入获得最佳的体育效益。

8．卫生管理

高校学生的卫生管理也是高校学生管理的一项重要内容，具体涉及以下十方面：一是大学生的身体卫生管理；二是大学生的教学卫生管理；三是大学生的课外活动卫生管理；四是大学生的体育锻炼卫生管理；五是大学生的校园环境卫生管理；六是大学生的教学设备卫生管理；七是大学生的膳食卫生管理；八是大学生的供水卫生管理；九是大学生的住宿卫生管理；十是大学生的心理卫生管理。

9．课外活动管理

高校学生的课外活动管理涉及两方面：一方面是高校学生校内课外活动的管理；另一方面是高校学生校外课外活动的管理。在具体开展这一管理活动时，高校要注意以下几方面：

一是要确保课外活动有正确的方向，能真正丰富大学生的精神生活，陶冶大学生的高尚情操。

二是要确保课外活动可以提升大学生的思想政治觉悟，为大学生构建科学的世界观使大学生形成共产主义的道德品质。

三是要确保课外活动能够使大学生获得较高的人际交往能力，有效培养大学生的社会适应能力。

四是要确保课外活动能够有效培养和发展大学生的兴趣、爱好，发挥大学生的特长。

10．政治活动管理

中国高等教育体系承载着公开、明确的政治使命，它不仅着重培养学生的专业素养，还着重培养学生对社会主义政治理念的认同感及维护社会主义政治方向的坚定立场。参与政治活动则是大学生深化政治理论学习和实践的重要途径。

政治活动的本质聚焦于国家政权与社会公共权力的互动范畴。大学生参与此类活动，实质上构成了一个学习与实践政治知识的过程；此过程不仅促进他们认识并内化社会政治价值观，还帮助其熟悉现有的政治体制架构，深化对国家法律规章的理解，规范个人行为，进而有效提升个体的政治素养水平。

大学生参与政治活动的途径涵盖了参与民主选举、进行民主管理等方面。尤其值得关注的是，当前大学生政治活动的趋势显示出明显的网络化、电子化及虚拟化特征，这对高校在学生管理领域提出了崭新的研究议题。

（三）高校大学生管理的方法

1. 调查研究

高校大学生管理的调查研究方法，就是高校在开展大学生管理工作时，要经常性地、全面地、客观地对学生的实际情况进行调查、了解与分析，以便以此为依据及时采取相应的措施来促使高校学生管理工作取得实效。

在运用调查研究法对大学生进行管理时，高校为确保取得良好的成效，必须做好以下几方面工作：

（1）在对大学生进行调查研究时，要对调查对象、调查目的、调查方法等进行科学合理的规划，切不可临时应付，粗心对待。

（2）在对大学生进行调查研究时，应实事求是，切不可局限于条条框框或别人的指示、意见等。

（3）在对大学生进行调查研究时，要切实从马克思主义的立场、观点、方法出发，对调查材料、调查事物进行合理的分析与研究。

2. 建立规章制度

在高校开展大学生管理工作时，建立科学有效的规章制度也是一个十分有效的方法。高校在建立规章制度时，要特别注意以下几方面：

（1）高校建立的规章制度应与教育规律和德、智、体培养目标的要求相符。

（2）高校建立的规章制度应与大学生的身心发展特点以及发展现实相符。

3. 运用经济手段

在高校开展大学生管理工作时，适当地运用经济手段也能够促使工作取得良好的成效。例如，在高校大学生管理活动中，对学生给予必要的物质奖励或惩罚就是经济手段。通常来说，高校在运用经济手段对大学生进行管理时，需要与行政方法进行有效的配合。这是因为，高校在开展大学生管理工作时，如果只重视运用经济手段而忽视日常的教育和引导、忽视行政管理的作用，很容易导致经济手段无法发挥出最大的效用，进而影响高校大学生管理工作无法达到预期的目标。

（四）高校大学生管理的对象

管理对象是指管理活动的承受者。随着人类认识的深化和管理的科学化、复杂化，不同学者对此有不同的见解。一是指管理活动所作用的各种具体对象。最初是人、财、物三要素，后又增加了时间、空间，成为五要素，又增加了信息、事件，成为七要素。二是指管理活动所作用的特定系统，即把管理对象看作由多种因素组成的有机整体。高校大学生管理作为高校管理工作的重要组成部分，其对应的工作对象无疑是高校大学生，从广义角度来看，这些大学生应包括所有在高校求学的学生，即专科生、本科生、硕士生、博士生等。这些人都是高校大学生管理活动的承受者。

（五）高校大学生管理工作的研究内容

高校大学生管理涉及众多知识领域，涵盖管理学、教育学、青年心理学、政治学、人才学等。由此，高校大学生管理属于一门融合了多学科特性的应用领域，具有极为鲜明的政策导向性。它探究一个独特而专门的研究客体，这一客体是围绕学生管理实践的本质属性、内在关联及其动态发展规律而展开的。

作为学校管理的关键构成部分，高校大学生管理与其他管理工作相仿，教育领域的各特定范畴内的独特现象与规律构成了其研究核心，而这些研究也会不可避免地受到该领域普遍规律的支配与限制。因此，相较于其他管理实践，它展现出一种特有的相对独立性特征。人们只有既明晰高校大学生管理工作和其他管理工作的紧密关联，又洞察到它与其他管理工作的差异，才可切实揭示出高校大学生管理现象自身所蕴含的特殊规律，让其成为一项具备特性且富有成效的管理工作。

通常来讲，作为一项管理工作，总归需要有相应的学科知识作为其遵循的工作准则，而一门学科的构建必然要具备一个不可或缺的条件，那就是其必须构建一个全面的范畴体系。该体系不仅能映射出研究的视角维度，还能具体展陈研究涵盖的内容，并且揭示各部分内容之间的内在联系。因此，若要精确且贴切地阐述针对高校大学生管理学领域的研究范畴，最理想的方法莫过于确立该学科的框架体系及明确其范畴体系，并以此为核心展开深入探讨。高校大学生管理工作所要研究的内容应当包含以下几方面：

（1）关于学科理论的研究。它涉及对高等院校学生管理科学的基本属性、理论基础、研究目标与范围、核心研究使命、学科定位及功能、根本思想与基本原则的深入剖析。此外，着重讨论如何提炼历史实践经验并将其系统化地融入理论框架，探讨相关学科理论的交叉引用、融合策略，旨在不断充实、优化并推动高校学生管理科学的边界拓展。

（2）有关方法论的研究。针对高校大学生管理科学方法论的探索，研究应双管齐下：一是挖掘深层次的思想方法论基础；二是聚焦于实践层面的具体管理策略，囊括思想政治教育的引导机制、大学生社群治理、教务与学籍管理体系、校园文化营造及网络空间管理（含网络管理）、奖惩规则的制定与执行、社会实践项目组织、学生社团活动管理、心理健康发展与咨询服务、职业规划与就业指导、学生党员队伍的培育与党建管理、学生干部队伍管理、学生群体性突发事件的应急管理等方面的管理途径和手段。

（3）组织学术方面的研究。高校视管理大学生的过程为一个复杂的系统工程，需致力于构建高效能的管理体系。这一体系涵盖高校大学生管理的领导组织结构、学生管理团队的强化以及学生管理模式的现代化趋势等多个维度，每一项都呼唤着更为精细且宽泛的学术探讨。

（4）关于学生管理制度与国家法律法规、教育规律、教育法规、政治文明建设进程之间的相互关系以及相关政策法规和知识体系的研究。

（5）关于学生成长规律、心理生理特点与管理工作的有机联系研究，青年群体之间的相互作用关系与高校大学生管理工作的互动共生研究。

（六）高校大学生管理工作的任务

高校大学生管理工作的基本任务，不仅包括研究学生管理学的相关体系，而且更重要的是这种研究必须着眼于寻求学生管理工作本身所蕴含的特殊矛盾，领悟和把握学生管理工作的运行规律，以更好地运用于学生管理工作的实践之中。

高校大学生管理工作的主要任务有以下几方面：

（1）坚持马克思主义关于人的全面发展理论，贯彻党的基本路线，以马克思列宁主义、毛泽东思想、邓小平理论、"三个代表"重要思想、科学发展观及习近平新时代中国特色社会主义思想为指导思想，把马克思主义哲学原理作为方法论工具运用，紧密结合《普通高等学校学生管理规定》，遵循党的教育方针和学校的培养目标，全心全意地服务于培养德、智、体、美、劳全面发展的高质量人才。

（2）系统性地总结我国高校在大学生管理实践中积累的经验教训。学生管理工作是一种兼具悠久传统与时代特色的社会现象，其伴随着学校的出现而出现，拥有源远流长的历史传承以及全新的时代内涵。

（3）批判性地吸纳历史上关于高校大学生管理工作累积的智慧，借鉴海外学生管理的实践经验与成就，融合教育学、社会学、政治学、青少年心理学、系统管理学、文化学等多个学科的理论与知识，构建既符合中国国情又贴合时代需求的高校学生管理模式。作为历史悠久的文化大国，我国在学生培养与管理领域积淀了深厚的传统，这些是不可多得的历史财富。我们应当以批判性的思维继承这些遗产，实现古代智慧在当代的应用与创新。

（4）加强科学研究，注重实践探索，不断发展高校大学生管理工作的理论体系，推动高校大学生管理工作模式健康运行。尽管学生管理工作有着丰富且宝贵的实践经验和悠久的历史传统，但就总体情况而言，它与不断发展的中国特色社会主义的形势还存在着某些不适应，还有许多亟待解决的问题。无论是从理论要求上还是从实践需求上，它都需要科学化、理论化、法治化、人性化等方面的规范。

因此，学生管理工作者务必强化针对大学生管理工作的探究，勇于尝试，持续革新，切实掌控新时期大学生管理所面临的新难题、新内涵以及新特性，竭力运用新的方法、新的思路以及新的手段去适应大学生管理的新规律和新形势，使学生管理的理论与方式与时俱进，不断丰富和完善。

二、高校大学生管理工作的特点

（一）高校大学生管理工作的层次性特点

当前，我国高校大学生管理工作的主体是一支以专职学生工作人员为主。以兼职教师为辅的数量庞大、覆盖面广的教育管理队伍。具体而言，学生管理的组织机构按照层次划分，可分为三个层级。

1. 高层管理机构

高层管理机构主要是指对全校的大学生管理工作进行统筹规划、组织领导、做出决策的机构，主要是指校党委会，主要的领导者是主管学生工作的党委副书记。

2. 中层管理机构

中层管理机构是在学校高层管理机构的领导下，认真贯彻上级主管部门和学校的方针政策，制订学生管理工作计划和方案，领导全校开展各项学生管理工作的职能部门，主要指学工部、学生处、校团委以及宣传部等部门。

3. 基层管理部门

基层管理部门是指在高层和中层领导部门的领导下，具体开展各项学生管理工作的部门。它是高校学生管理工作的基石，主要指院系党总支及其领导下的院系分团委、学生工作办公室。

在这三个层级的体系中，既有一支以学校分管学生管理工作的党委副书记、学工处处长、党总支书记、分团委书记、辅导员、班主任为核心构成的专职队伍，也有一批由校党委宣传部、组织部等政工部门和机关各行政部门有关人员、专业课教师组成的专职人员。因此，高校大学生管理工作的主体具有专兼结合、多层次、多格局的特点，基本实现了对在校大学生的全员、全程、全方位的"三全"管理。

（二）高校大学生管理工作的专业性特点

在新时代背景下，高校大学生管理工作已然演变为一门颇具研究价值的学科。其具备独立的范式和科学的架构，相较于社会的其他范畴，显得更为规范与科学。所以高校大学生管理工作的专业性特征清晰可辨。高校大学生管理工作的专业性务必在实际工作中得到彰显。高校应当凭借全新的视角与模式来施行大学生管理工作，并在遭遇问题时及时处置。

诚然，若要使高校大学生管理工作成为高校大学生教育管理的主要途径，仅在思想层面予以重视是远远不足的，必须突破传统的束缚、更新观念，令高校大学生管理工作吸纳更多的科学管理手段与方法，推动高校大学生管理工作全方位地迈向专业化。

（三）高校大学生管理客体的多重性特点

随着经济的发展和时代的变迁，当今在校大学生呈现出了多重性的特点，其主要表现在以下几方面：

（1）从年龄结构上看，他们的年龄一般在 18～23 岁，处于青春期的后期和青年期的早期，他们的生理和心理的变化是人一生中最为剧烈的时期。就学生个体而言，每个人都是一个复杂多变的矛盾体。

（2）从群体结构上看，随着高校招生规模的不断扩大，高等教育从精英教育向大众教育转变，学生群体成分复杂，既有经济拮据的贫困学生，又有家境殷实的富裕子弟；既有得到充分锻炼的"阳光"学生，又有受到父母溺爱的"温室"学生。

（3）从理想信念和价值观层面上看，有的在校大学生理想远大，具有多元化的价值观，并且树立了正确的人生观、价值观和世界观，能够自觉践行社会主义核心价值观；有的在校大学生则缺乏远大的理想，功利心很强，做事总是要求有现实的回报，缺乏明辨是非的能力。

（4）从实践能力层面上看，有的在校大学生勤奋努力，积极参加各项社会实践活动，善于在实践活动中创新，将理论和实践能很好地结合在一起，具备很强的动手能力；有的在校大学生则整天无所事事、"磨洋工"，做一天和尚撞一天钟，学习成绩很差，不具备动手能力。

（四）高校大学生管理环境的复杂性特点

伴随着社会主义市场经济的渐次确立以及改革开放的持续深化，尤其是自从中国成为世界贸易组织的一员以来，中国与全球各国在政治、经济及文化领域的互动也日渐频繁且深入。西方的思想意识形态以前所未有的规模与力度对我国高校大学生的人生观、世界观和价值观形成了冲击，直接影响着他们所接受的传统的爱国主义教育、集体主义教育以及社会主义教育。

同时，在国内全面进行社会主义经济建设的大潮中，市场经济对高等教育产生了不可避免的负面影响，高校教育体制改革和大规模的扩招办学使得当今高校的教育管理环境变得异常复杂。这些外在环境的变化给在校大学生的思想带来了很大冲击。

在经济全球化、信息化、多元化、商业化的时代里，如何做好高校大学生的管理工作不仅仅是教育工作所面临的一个挑战，更是需要我们努力解决的一个重大问题。它不仅关系到高校的安全稳定和各项工作的顺利进行，更关系到社会主义建设人才的培养和国家的长治久安。

（五）高校大学生管理组织目的的明确性特点

从宏观方面讲，高校大学生管理工作的组织目的，是为社会主义现代化建设培养可靠的建设者和接班人；从微观层面来说，是为了创造良好的育人环境，通过一系列教育管理活动追求高校学生思想教育效益的最优化。

为了最终实现这一目的，高校管理者必须在认真贯彻执行党和国家的各项教育方针政策的基础上，紧跟时代发展的步伐，科学地分析判断国内外大的政治、经济环境和高等教育所面临的问题，仔细研究教育管理工作主体、教育管理客体的特性，通过制订计划、进行决策、组织领导、全面控制具体确定大学生思想教育目标，充分调动各方面参与学生思想教育管理的积极性和主动性，优化配置学校教育资源，力争做到资源共享，把对学生的教育管理工作落到实处。

具体而言，高校大学生管理工作的组织目的就是通过科学构建学生思想教育管理体制，建设一支精干、高效的管理队伍，完善评估和信息反馈制度，为高校大学生的管理工作提供良好的环境氛围。

三、高校大学生管理工作的目标

（一）目标选择

1. 实现科学管理与人本管理的有机结合

当今全球管理体系中一项亟待解决的关键挑战是科学管理与人性化管理的融合难题。科学管理根植于严谨的制度设计，依托规范化的流程指导人员管理，其优点体现为高度的理性和运作的稳定性；但它也存在刚性过强、灵活性不足的问题，从而在激发团队成员的主观能动性方面存在局限。反之，人性化管理则展现出以人为本、灵活多变的特性——尽管这可能伴随着一定的不确定性。

在和谐管理理论的引领下，学生管理实践将个体视为管理的出发点与归宿，同时充分利用科学规范体系的功能，通过规章制度来规范学生行为，倡导一种结合制度约束与情感教化、文化激励及良好氛围构建的管理模式。此方法对于增强学生管理的有效性能展现出高度的针对性与显著的效果。

2. 实现有形管理和无形管理的有机结合

马克思有言，人类精神的自律构成了道德的根本。相比外在约束，内在自律展现出了更高的可靠性和持久性特质，一旦内化即成为指导行为的原则。和谐管理的理想状态旨在实现无为而治的境地。

大学生群体正处于个人发展的关键阶段，其管理策略需蕴含一套系统的办法及工具，旨在将各类规范内化为他们的行为原则，促使其自发地遵守规则体系。在学生管理体系构建初期，高校遵循由"无"至"有"的原则，意即对各类管理制度及规范进行详尽阐述；随后，推进至"有"至"无"的高级阶段，此阶段标志着外在规范已深化为学生内心的素质需求、能力标准等。这一过程呈螺旋式发展，辩证融合了具体制度的硬性要求与文化氛围的柔性引导，共同驱使学生向预设目标稳健前行，实现"随心所欲不逾矩"以及"无为而治"的理想管理状态。

3. 实现外在管理与自我管理的有机结合

现代人文管理理念植根于尊重个体的基础之上，旨在激活每个人的潜能，促使其在各自的责任领域，根据整体战略目标自主驾驭工作进程，创新性地达成任务要求。高等教育领域的学生管理工作囊括两方面：其一，将学生视作管理的主体，通过外部机制实施教育引导；其二，学生自主管理机制的构建。显然，这两者应相辅相成、互为支撑、共同促进。外部管理体系可通过科学合理的规章体系引导学生向既定目标稳步前行，自主管理则侧重顺应个人意愿，契合民主管理的诉求，经由尊重、理解、肯定及激励等手段，全方位点燃学生的主动性与创造力。

（二）发展方向

1. 以生为本

高校大学生管理的核心原则聚焦于"以生为本"，这一理念要求从学生的实际情况出发，将促进学生全面发展作为所有工作的导向，着重强调学生的自主性、积极性及创新精神的培养。其本质在于确认学生作为主体的角色，彰显学生的内在价值，并通过精细化的管理服务机制，激发学生的潜在能力，助力学生达成自由、全面且和谐的成长状态。

在实际工作流程中，首先，高校要将"一切以学生为中心"的原则彻底融入大学生管理的各个层面，增加学生在学习与生活参与方面的广度和深度，竭尽全力响应学生合理需求，全心全意地提供一系列高质量的学习与生活服务；其次，高校要着重促进学生的全方位发展，确保所有管理工作都能有效激发并发挥学生的主观能动性，加强学生积极性与创新意识的培养，借由管理服务功能的实施来引领学生的成长路径，培养德才兼备、能力出众且个性鲜明的学生群体。

2. 依法治校

在学校治理体系内，体现依法治校原则的关键在于加速大学生管理向法治化的转型，确保学生管理全面融入法治轨道，高校在这一过程中要着重保障学生的人格尊严与合法权利，实施客观公正的评价体系，以促进学生管理工作顺畅、有秩序且和谐发展。首先，高等院校在制定规章制度时应充分考量并保障学生的合法权益，确保规章制度能反映学生的真实需求；其次，建立一套健全的利益表达机制极为重要，该机制需畅通信息沟通的路径，赋予学生有效表达个人合理意见的权利，以此强化学生与管理者之间的沟通互动，提升管理效能；最后，高校在执行学生管理工作时必须坚持遵循正当程序原则，规范权力运行框架，确保所有管理行为与决策均符合法治原则，减少管理中的无序性、随机性和主观臆断，从根本上维护管理行动的合法性和高效运作。

3．公正民主

维护公正民主原则是实现和谐管理不可或缺的基石。高等院校学生管理工作者必须弘扬民主理念，坚持公正行事，以促进和谐氛围的构建。在当前形势下，大学生群体的自主性、参与意识及民主观念日益增强，鼓励学生介入管理过程，转变其在管理体系中的被动附属角色，对于缓解由管理引发的学生逆反情绪具有积极作用。

在大学生管理的实践全过程中，高等院校应深切贯彻民主原则，以促进学生自治体系的制度化、规范化及程序化进程，同时，确保对待每位学生都能秉持公平正义的原则，以免因偏颇而导致秩序紊乱与冲突。实现真正的公正与民主，是激发学生潜能、主动性和创造性的关键，它能使信任、关爱、依托、沟通及指导等元素深入融合到管理的每一处细节，从而加强管理的内聚力，并最大化地释放学生的创新能量。

4．人际和谐

在高校学生管理范畴内，构建人际和谐关系尤为重要，这不仅涉及师生间的关系调和，也涵盖学生彼此间的和睦相处。所谓人际和谐，是指个体在社会交互过程中，基本利益趋向一致，心理层面的距离逐步缩小，实现较高的心理相容性与情感共鸣，彼此间形成正面的情感认同状态。

对于大学生群体而言，人际关系的和谐能够展现出以下几方面的重要性：首先，它扮演着一种补偿角色，通过建立和睦的同学及师生关系，能够弥补原生家庭情感联系的缺失，减轻离家求学所带来的孤独感与失落感，为学生构建起安全与归属的港湾；其次，和谐的人际环境充当了情绪调节器，能够帮助学生从精神紧绷的状态中获得释放，无论是忧愁还是喜悦，让他们都能找到倾听与分享的对象，从而维持情绪的稳定状态；再次，它促进了学习效率的提升，良好的人际氛围能够激励大学生更积极地投入学习，激发创新思维；最后，和谐的人际互动能够让大学生感受到外部社会的接纳，不仅能够满足个人自尊与自信的需求，也能够促进自我认知的深化，使他们能更加客观全面地自我评估，为个人成长与成才奠定了坚实的外界条件。

四、高校大学生管理工作的地位与重要性

（一）高校大学生管理工作的地位

在我国，高校的根本使命在于培养适应社会主义现代化建设需求的高素质人才。它们肩负着培育兼具创新意识与实践技能的高级专业人才、推进科技文化发展、助力社会主义现代化建设的重要使命。高校大学生管理工作，作为教育过程的关键环节，对于全面实施党的教育政策、维护高校乃至社会的和谐稳定以及培养符合社会主义事业发展要求的建设者与接班人，具有不可忽视的重要性。

1. 高校大学生管理工作与党务工作密不可分

高校大学生的管理工作直接关系到国家安全与社会稳定，其本质涉及政治层面，因此理应融入高校党的领导体系。在新的时代背景下，大学生管理成为高校各项工作的重中之重，要求全国各高校建立专门负责学生教育与管理的部门——学生工作处。迄今为止，我国学生管理机制均置于党委的直接领导下。坚持党委的领导核心地位，不仅能够为思想政治教育提供坚实支撑，还能够确保在思想政治层面有效引导和培育学生，促进高校学生管理工作的健康发展，从而保障社会的和谐与进步。因此，要实现大学生在政治立场上与党保持一致，管理实践必须与党的领导保持协同。

2. 高校大学生管理工作与教学工作紧密相连

《中华人民共和国高等教育法》所规定的教育职能包括培养人才、发

展科学文化以及提供社会服务，这三项任务并重且相互渗透，共同织就了高等院校学生管理活动的全面网络。其中，人才培养居于核心地位，因此，学校的学生活动组织与教学活动均为其坚实的支撑和有力的保障。二者相互促进，不应有所偏倚，然而，常有部分高校过于偏重教学质量的提升，将教学活动视为唯一重心，这种做法在不经意间忽视了学生管理工作在维系教学运行及提升教学质量方面的至关重要作用，进而致使输出的人才难以适应社会需求。实际上，教学活动与学生管理工作息息相关，共同在学生的成长与成才道路上扮演着积极推动者的角色。在全球经济迅猛发展的大环境下，这一结合为培育具有高度综合素质的人才提供了必需的服务，有助于圆满达成其教育使命。

随着我国教育领域、经济环境与社会结构的不断演进，高等教育中关于大学生管理工作的角色与地位历经了显著变迁，正从过往的传统管理模式稳步迈向创新性的管理实践。传统模式倾向于以监管为核心，现今的管理理念则深度融合了教育引导、行政管理与学生服务，更加重视从学生的个体需求出发，围绕学生的切实福祉来构建管理策略。在教育策略上，强调将思想政治教育与日常生活教育相融合，目的在于内化国家及高校的价值观念、正面认知与行为规范，引导学生沿着既符合国家期望，又满足社会需求及高校培养目标的道路成长成才。

高等院校负有指导学生树立正面观念、巩固爱国情怀、推动外在约束向自我驱动的教育模式转型的责任。管理的终极愿景在于促进学生主动遵循管理制度，协同推进教学活动的顺畅开展。服务层面则强调从学子需求出发，设计多元化政策，以培养符合社会主义要求的人才，体现了一种以学生为中心的服务导向。教育、管理和服务三者相辅相成，构成不可分割的整体。其中，服务是对教育管理和学生培育的一种深化体现。创新的学生管理模式融入了服务育人的核心思想。各高校需树立以学生为本的管理哲学，加大对学生工作的关注度，尊重每位学生的个性发展，积极促进校园生态的和谐及师生间良好关系的建构。

高校大学生的管理工作是一项复杂而持久的挑战。在强调服务性的同时，高校必须兼顾教育与管理的不可分割性，因为缺乏充分的教育引导，学生会难以形成正确的人生观、世界观及价值观，这直接阻碍了教学活动的有效推进及学生管理体系的正常运作。相应地，管理本身构成了教育过程的支撑体系与实施策略，只有管理与教育的深度融合，才能确保教育目标的顺利实现，达到预期的理想境界。在此框架下，作为人才培养的基本路径，教育执行离不开管理这一关键手段，而服务是提升学生管理工作水平至更高级阶段的表现形式。

3. 高校大学生管理工作是履行高校中心工作任务的根本要求

高校肩负着推动教育教学、开展科研活动及担当社会责任的重要职责，并且这些职能正处于不断拓展和深化的过程中，然而，培养高素质人才一直是高等院校的核心任务，是其最本质的使命，也是其区别于政府机关、企业及其他社会组织的根本所在。学生教育管理与服务工作和人才培养的全局工作息息相关，它不但是人才培养工作的一个核心组成部分，也深刻影响着人才培养的诸多层面。学生教育管理与服务工作的质量和效率，直接关系到人才培养质量的高低；其工作成效的好坏，与人才培养工作的成功与否紧密相连。

4. 高校大学生管理工作是大学生健康成长成才的内在需要

大部分学生渴求自身综合素质的提升，期盼挖掘并强化个人特长，希冀未来能成就卓越事业，向往拥有幸福美满的生活。因此，高校学生管理工作与服务活动的出发点与归宿在于紧密联系党和国家的外在要求和受教育群体内部愿望，巧妙地将外在期许转化为学生内心的渴望，将外界压力转为学生前进的内在驱动力。

5. 高校大学生管理工作是确保校园安全、稳定的迫切需要

人才培养构成了教育机构的根本使命，而确保教育环境的安全是实现这一

使命的前提要素。过往高等教育体制变革与发展的实践证明，只有筑牢高等院校的安全稳定基石，才能稳步驱动教育改革与发展的巨轮。此外，高等院校的稳定状况直接影响到社会整体稳定的架构与态势。

（二）高校大学生管理工作的重要性

1. 高校大学生管理工作能够引导学生健康成长

如同制度规范与权益保障一般，大学生管理的优化也是一个逐步推进的过程。法律法规与校纪校规为学生界定行为的界限，而高校管理的核心任务在于推动学生从认知上的"应然"迈向行动上的"实然"。因此，如何将规则内化为学生的自觉行动显得尤为重要。高校在这一转化过程中采取了双管齐下的策略：首先，通过规章制度正面肯定学生成就，既维护学生的学习生活环境，又赋予其应有的权益；其次，使规章制度蕴含的人性关怀触动学生心灵。这两方面的共同作用能够实现从外在规范到内在动机的飞跃，科学地引导学生成长成才。

在当今时代新态势下，我国教育体系正经历着一场蕴含中国特色的变革。当前，高等教育领域显现出大众化及普及化的趋势，大学生群体规模日益扩大，这一发展伴随而来的是一系列连锁问题与新兴挑战，包括学生自我管理能力不足、团队精神和社会责任感欠缺、心理韧性较差等，这些议题已成为社会各界广泛关注的焦点。

在探讨我国高等教育体系如何更好地服务于社会经济发展之时，我们必须敏锐地意识到社会转型期间给青年大学生群体带来的挑战与影响，并着手改革那些已不再适应时代发展需求的高等教育管理模式及其实践策略。

2. 高校大学生管理工作能够增强大学生的能力

高校是培养人才的一个重要场所，决定了高校的各项工作都必须围绕着人才培养来展开。因此，高校在开展大学生管理工作时，要确保其具有培养、增强大学生能力的积极作用。例如，在开展高校大学生管理工作时，高校可以通过引导大学生参与社会实践活动来促进其社会实践和社会活动能力的提升。

3. 高校大学生管理工作能够深化高等教育改革

自改革开放以来，我国高等教育事业获得了巨大发展，培养出了无数优秀的合格人才，但是，受多方面因素的影响，高等教育与社会主义事业的发展仍在一定程度上存在着脱节现象。这就决定了在高等教育的发展过程中，高校立足我国社会主义建设的发展现实，积极对高等教育的思想、内容、方法以及学生管理工作等进行改革。事实上，有效的高校学生管理及其改革能够在很大程度上促进高等教育改革的深化。

4. 高校大学生管理工作能够保障学生的根本权益

高校大学生管理工作应当最大限度地维护学生的根本权益。例如，学生资助与激励机制直接关联到学生的个人福祉，为此每位学生均表现出高度的关注。在此领域实行的公正性与公平性原则，成了衡量学校管理水平的重要标尺。此类管理实践活动，无时无刻地渗透于大学生管理的各个阶段，依托于一系列法律法规、规章制度及管理条例，以确保学生的正当权益得到充分保护。所以在执行过程中的公平公正是学校管理水平的具体展现。这类管理措施如同一条主线，贯穿于整个大学生管理全过程，依靠多样化的法规体系、制度框架及管理细则，能够为维护学生权益提供坚实保障。

5. 高校大学生管理工作能够促进合格人才的培养

高校是人才培养的基地，由于高校大学生管理是高校管理的一个重要方面，因此其必须要为培养合格的社会主义现代化建设人才服务。具体来看，与一般的管理相比，高校大学生管理是一种带有明显的教育性质的服务，即开展高校大学生管理不仅要促进高校各项机制的有效运行，还要尽可能地达到教育的目的，使大学生成长为合格的社会主义现代化建设人才。

总之，高校大学生管理是一种"管理育人"的管理，需要与高校的教学工作、思想政治工作和心理健康教育等一系列工作有机结合，以管理促进教育、以教育推动管理，真正促进大学生的成长与成才。

6. 高校大学生管理工作能够维护国家的安定与团结

我国的社会主义现代化建设事业顺利开展的一个重要的前提是具有安定团结的政治局面。

高校大学生是一个特殊的社会群体，他们既有青年的特质，如朝气蓬勃、充满激情、追求真理、关心时事；也有青年固有的不足，如容易冲动、互动性强、易走极端、时有盲从、阅历较浅、情绪不如成年人稳定等；他们是法律上的成人，但在心理上是准成人；与其他同龄人相比，他们掌握着更多的知识，但与真正的知识分子相比，其所掌握的知识又存在着结构上的缺陷和知识量上的不足；他们的参与意识急剧增强，思想上的可塑性也极大，但很容易出现偏激的情绪，也很容易与他人发生矛盾冲突，还很容易被不良的思想所影响。

因此，高校必须严格地对学生进行管理，制定并实施相应的政策、法规和行为规范，对学生的行为进行一定的约束，为他们的成长创造一个良好的环境，引导学生形成稳定的情绪，从而维护学校和社会的稳定。

第二节　中华优秀传统文化融入高校大学生管理工作的路径

一、传统文化思想中蕴含的管理思想

（一）以人为本思想

以人为核心的理念是中国古代传统文化的精髓之一，备受著名思想家、政治家及教育家孔子的赞誉。该思想极大地促进了我国古代社会的发展进步。在当今社会，习近平新时代中国特色社会主义思想强调坚守初心、勇担使命，并坚持以人民为中心的发展思想，这充分体现了以人为本、人民至上的价值取向。

（二）因材施教思想

世界上的每个人都是独一无二的，这种独特性不仅体现在外貌上，更深刻地体现在个体的内在特性和思想的多样性上。历史上，教育实践者秉承着依学生独特性而施教的原则，实行差异化教学，这一智慧在现代社会同样焕发着生命力。因材施教的教育哲学，无疑是跨越古代与现代推动社会发展的关键动力之一。

（三）修身正己思想

个人修身与社会进步息息相关，既是个体发展的基石，也是推动社会向前的积极力量。社会这一宏大机体由无数个体构成，假使每名成员均致力于自身修养的提升，无疑会引领整个社会步入更加积极的轨道。在高校这一特定场景下，教师作为指引学生前行的灯塔，其职责超越了纯粹的知识传授，更需通过自身的模范行为来展示修身正己的实际行动，并以此鼓舞学生，发挥出正面影响的最大效能。

（四）激励机制思想

从本质上讲，激励机制是通过明确奖惩手段来强化被管理者的思想动机和行为倾向的一种管理理念，这一理念根植于管理学的理论与实践之中。法家主张，自古以来，贤明的君主在选拔和奖赏大臣时，应以功绩为依据，不吝惜钱财和官职的赐予。相反地，在面对触犯法律的臣子时，其也应严格遵循规章制度给予相应的惩罚，绝不心慈手软，这样才能赢得民心。同时，百姓与臣子因畏惧惩罚而严格遵守法律法规，最终共同推动国家走向强盛。

（五）无为而治思想

"无为而治"并非指不进行管理，而是强调通过采用象征性的手段来实现管理目标。在管理实践中，这一理念要求管理者顺应自然规律，做到有所为而有所不为，力求以最小的代价获得最大的管理成效。

二、运用传统文化进行高校大学生管理的优势

（一）传统文化融入高校校园对大学生个人的积极影响

1．有助于大学生树立正确的世界观、人生观、价值观

大学阶段是个人世界观、人生观及价值观塑形的关键时期，此期间学生对此"三观"的体认尤为深刻，并处于自我价值构建与人生意义探索的紧要关头。高校在此承担着指引学生确立正面价值观的重大责任，期许其步入社会后能更卓有成效地服务于党和国家。中华传统文化源远流长，历经漫长岁月的积淀与演进，形成了独特而深邃的内涵。因此，将优秀传统文化融入高校教育环境，对促进大学生"三观"的健康发展具有深远的实践意义。

2．有助于培养大学生的爱国意识

当代大学生的爱国主义表现具有多元化的特点，具体体现在对祖国文化的深厚热爱、对祖国壮丽山河的深切情感以及对同胞的深切关怀等多方面。因此将传统文化融入高校校园，对于培养和强化大学生的爱国意识具有积极作用。

爱国主义精神深深植根于中国悠久的文化传统之中，历史上无数志士仁人以生命践行爱国情怀，为国家的进步做出了不可磨灭的贡献，特别是革命先烈们，他们奋勇杀敌、视死如归，展现了爱国主义的崇高境界。全国人民应当为此深感荣耀，并效仿先辈，勇于担当实现中华民族复兴大业的历史重任，携手共绘中国未来发展的壮丽图景。历史的进程已反复证明，中国是一个拥有非凡韧性的伟大国度，我们有理由坚信，中华民族定能达成其伟大复兴的宏伟目标。

3. 有助于培养大学生良好的道德品质

早在两千多年前，中华大地就见证了诸子百家的思想盛况。例如老子、孔子、墨子等智者，他们不仅潜心钻研天文与地理的奥秘，还广泛探索个体与个体、个体与社会以及人类与自然间的核心关联，并在此基础上构建深邃广博的思想理论体系。他们所弘扬的价值观念，包括孝顺、忠诚、信义、礼节、廉耻、仁爱以及与人为善等，至今仍对大学生良好道德品质的培养具有深远的影响。

（1）传统文化重视个人道德修养。中国传统文化将"修身"与"治国平天下"紧密相连，形成了独特的理念体系。《大学》有言："古之欲明明德于天下者，先治其国；欲治其国者，先齐其家；欲齐其家者，先修其身；欲修其身者，先正其心；欲正其心者，先诚其意；欲诚其意者，先致其知；致知在格物。物格而后知至，知至而后意诚，意诚而后心正，心正而后身修，身修而后家齐，家齐而后国治，国治而后天下平。"这一系列论述强调了修身作为为人处世之根本的重要性，修身不成就难以成就任何事情，然而，一些大学生往往忽视自身修养，如公共场合大声喧哗、宿舍卫生不整等。若大学生能重视自我修养，践行修身、齐家、治国、平天下的理念，不仅有助于促进个人品行的完善，还有助于为其未来的广阔天地铺设道路，使其人生旅程更为平坦顺遂。

（2）传统文化推崇推己及人，正己正人，成己成物。传统哲学强调人际关系的调节，倡导以诚待人，不懈追求人与人之间的和谐以及人与自然的和谐，这对于创造稳定的社会环境具有积极作用。其中的"推己及人，正己正人，成己成物"等理念，均体现了"忠恕之道"的核心价值，即"己所不欲，勿施于人"，意指自己不愿意做的事情，也不应强加给他人。若每个人都能践行这一原则，社会将充满爱与和谐，然而，一些大学生有时缺乏为他人着想的现象，即便同处一室，也难以和睦相处，常因琐事而争执不休。若他们能深刻理解并实践"正己正人"的道理，同学之间的矛盾或许能得到显著缓解。

（3）传统文化重视自强不息。《周易》有言："天行健，君子以自强不息。"在这个全球化经济与政治版图快速变迁的时代背景下，我国需不断深化内部改革机制，探求新颖的发展策略，同时在国际舞台上积极寻求更优的发展机遇与外部环境。作为将来国家建设的关键人才，大学生理应培育出坚忍不拔的性格特质与坚定不移的奋斗意志。回溯历史，曾子曰："士不可以不弘毅，任重而道远。仁以为己任，不亦重乎？死而后已，不亦远乎？"这一古老智慧，无疑是培养当下大学生勇于担当、不畏艰难、持续自我提升的精神面貌的宝贵指引。

（4）传统文化鼓励好学笃行，鄙视奢侈享乐的生活态度。孔子对其门生颜回表达了极高的赞许："贤哉，回也！一箪食，一瓢饮，在陋巷，人不堪其忧，回也不改其乐。贤哉，回也！"此赞扬映射出了颜回超越物质的高尚情操。假使当下大学生能适度削减对物质的过度渴望，持有一份对奢华生活方式的批判精神，同时怀抱旷达乐天、勤勉向学的心态，这会助力他们以更睿智的姿态规划前程，避免盲目扎堆于高利润行业。

（5）传统文化强调以合乎道德为前提，提倡诚信敬业。在传统文化中，至高无上的社会理想是实现人人安居乐业、生活富足，然而，正如孔子所言，"不义而富且贵，于我如浮云"，强调了若财富获取不合道义，则违背了传统文化的核心价值。因此，当代大学生在追求利益时，应秉持诚信原则，深刻理解"诚者，天之道也；诚之者，人之道也"的哲理。这样，他们不仅能通过正当途径实现个人理想，还能通过正当途径促进社会健康发展。高校作为培育跨世纪人才的摇篮，其职责不仅在于提升学生的文化素质和业务能力，更在于关注学生的心理素质。因为健康的心理状态是大学生接受思想政治教育和学习科学文化知识的重要基石。在此背景下，心理咨询作为高校心理健康教育的基本形式，其目标不应仅限于解决心理问题，而应成为思想政治教育的一种有效手段。更高的追求是帮助学生塑造健康的人格和高尚的品德。

4．有助于实现大学生的人生新价值

个体生命价值的实现历来被视为一个漫长且布满挑战的历程，古语："路漫漫其修远兮，吾将上下而求索"就深刻地映射了这一艰辛历程。在当今时代背景下，大学生群体必须培养积极向上、不懈奋斗的精神状态，才能在持之以恒的努力中，逐步实现个人的生命价值。俗语有云"少壮不努力，老大徒伤悲"，强调了若仅满足于现状，不思进取，最终只能换来无尽的悔恨，给人生留下无法弥补的缺憾。

在中国悠久的传统文化中，自强不息、顽强奋斗的例子屡见不鲜。历经数千载的演进，中华民族能屡历逆境而巍然挺立，正是这种不懈努力、自强不息精神的体现。时至今日，这一精神依然具有强大的驱动力，能够鼓舞着大学生不断追求进步。

5．有利于大学生迎接经济全球化带来的挑战

随着社会的进步与互联网技术的蓬勃兴起，当前全球已然迈入经济一体化的新纪元。我国的青年大学生正处于人生"三观"塑造的关键阶段，适时且恰当的指导会对他们的心智模式与行为选择产生深远的意义。这批学子应当积极继承并弘扬中华民族的优秀文化遗产，通过这些文化精髓来丰富自身的思想，同时采取辩证的态度去考察西方观念与文化的各方面，筛选并吸收其有益成分，再将之融入我国深厚的文化底蕴。这样的实践策略不仅能够助力大学生运用本土文化的盾牌，有效抵挡外来不良思想文化的冲击，还能够为我国的社会主义现代化建设注入新的活力与元素。

（二）传统文化融入高校大学生管理的积极影响

1．有利于促进全面创新管理

创新是驱动组织发展的重要引擎，也是增强核心竞争力的关键途径。中华优秀传统文化展现出无与伦比的生命延续力，堪称人类文化教育史上的伟大奇观。其深厚底蕴源于其非凡的包容变通精神。中国文化在发展过程

中，从未固守成规、停滞不前，而始终以卓越的包容性和变通性来丰富和完善自身。历经长久的文化交汇，中华优秀传统文化铸就了其特有的包容性、灵活性及进取精神等鲜明标志，而这些特性恰好构成了创新的源泉。因此，将传统文化融入高校大学生管理，对于实现高校的全面创新管理具有重要意义。

2．有助于增强高校管理的可持续性

管理仅为手段，而非目的本身。其终极目标在于推动组织的可持续发展。在此领域，中华优秀传统文化中蕴含的天人合一理念展现了其独特的价值。以荀子的论述为例，他强调"天有其时，地有其财，人有其治，夫是之谓能参"，提倡人类应当主动适应自然，与季节更迭相协调。此外，"天道自然"的原则在中国传统文化中占据核心地位，如"天地与我并生，而万物与我为一"以及"仁者以天地万物为一体"等观念深入人心。这些深刻的理念对于高校管理中培养全面和谐的观念，从而推进组织的可持续性发展，具有积极的促进作用。

3．有利于高校在管理中真正做到以人为本

中华优秀传统文化始终聚焦于人性，蕴含着深厚的人文精神。儒家思想尤为注重人性之善，并构建了鲜明的以人为本的理论体系。这一文化特质强调对人性的深切关注，将其融入高校大学生管理，有助于实现真正意义上的人本管理，转变以往过度依赖规章制度和工作程序的僵化管理方式。同时，"以人为本"的管理思想也是现代管理理论强调的核心。

4．有利于高校维护学生的教学主体地位

传统文化处处体现出相互尊敬、和谐共存的文化内涵。现代教育体制已经不同于传统的教育方式，更加注重以人为本的教育理念。传统文化的传播与推广有利于维护高校学生的教学主体地位，有利于教师真正明确学生的需求，发挥自身的服务、引导功能，从而充分激发学生的主观能动性和学习积极性。

三、将传统文化融入高校大学生管理工作的对策

（一）重视传统文化的理论教学

高校应将传统文化巧妙地结合进教学工作中，让大学生在潜移默化中接受传统文化，领悟其魅力与价值，从而使大学生管理工作更有成效。理论课教师要将传统文化通过案例形象化地展现出来，通过讲述精神与道理将其具体化呈现，让大学生在课堂教学的良好氛围下，增进对学习、对人生的认知，让其知道学习对于个人发展来说具有重要意义，是大学生追求幸福生活的重要工具。同时，教师应以此为出发点，让大学生对未来的发展进行初步的规划，避免被外来文化影响，失去目标。

（二）科学对待传统文化

1. 辩证的继承

在深化改革与推动社会主义现代化进程之中，中华传统文化扮演着精神支柱的决定性角色。应当深入探索中华优秀传统文化的智慧精髓与道德内核，积极倡导以爱国主义为核心的民族精神和以改革创新为核心的时代精神，促使中华优秀传统文化成为滋养社会主义核心价值观的重要源泉。先人遗赠了繁星般的精神瑰宝，如"先天下之忧而忧，后天下之乐而乐"的政治情怀，"位卑未敢忘忧国""苟利国家生死以，岂因祸福避趋之"的赤子忠诚，"富贵不能淫，贫贱不能移，威武不能屈"的刚正气节，以及"人生自古谁无死，留取丹心照汗青""鞠躬尽瘁，死而后已"的无私奉献，等等，这些无不彰显了中华民族的优秀传统文化与民族精神，亟待当代大学生继承与弘扬。同时，我们需理性认知中华传统文化中也夹杂些许不良成分。因此，在强调继承传统文化精髓之时，应秉持古为今用、革故鼎新的准则，审慎甄别历史文化遗产，特别是代代相传的价值观念与道德准则，实行有选择性地接纳与批判地继承。

2．创造性转化

对中华优秀传统文化的继承不能简单地概括为机械模仿或全盘接受，其精髓在于实现创造性的转化与创新性发展。在面对中华优秀传统文化的传承议题时，我们应当精细掌握继承与创新之间的均衡，着重实施创造性转化与创新发展策略。首先，我们要保障中华传统文化与当下的文化环境相契合，促使中华优秀传统文化及传统美德融入社会主义先进文化的构筑，从而增强中国文化的软实力，为建设社会主义文化强国奠定坚实的基础。其次，我们应促进中华传统文化与现代社会的和谐共生，深挖其内在"精粹"，并融入新时代的意义，让其成为推进改革开放和社会主义现代化进程的精神支柱。最后，我们应采纳贴合时代脉搏和民众喜好的方式，对传统文化进行新颖的解读，利用通俗易懂、群众参与度高的形式对其进行推广传播。

3．创新性发展

弘扬中华优秀传统文化的根本目的在于促使其紧跟时代步伐，并推动其创新性发展。为此，首先是实现中华优秀传统文化与当下时代精神的深度交融，为古老文化灌注新的时代元素。举例而言，社会主义核心价值观所弘扬的爱国、友善、诚信、公正、和谐等观念，实质上是对中华优秀传统文化中"讲仁爱、重民本、守诚信、崇正义、尚和合、求大同"等传统价值观与当代中国实际及时代特色的有机结合，从而达成了对传统价值体系的创新性提升。其次，中华优秀传统文化若要实现创新性发展，就必须在坚持本国国情的同时，采取开放态度面向全球。面对新时代的要求，我们应依据国家前进的步伐，积极吸取全球文明的精髓，力图构建一种兼具民族特性、科学理性、民众基础且面向现代化、全球化、未来化的社会主义新文化。例如，社会主义核心价值观凸显的自由、平等、民主、文明等原则，正是在广纳"世界文明的有益成果"的平台上孕育而生的。

（三）利用优秀传统文化推动高校管理的变革

尽管我国古代有着丰富的优秀传统文化，但部分文化内容与现代社会的发展需求并不契合。因此，在借助优秀传统文化推动高校管理改革的过程中，我们要做到以下两点：首先是发掘具有深厚内涵的优秀文化。其次是紧密结合当前高校管理的现状，对这些优秀文化进行进一步的改革与创新，并根据高校的实际情况灵活运用，以实现管理改革的目标。

参 考 文 献

[1] 马艳．中华优秀传统文化与高校思想政治教育融合研究［M］．北京：新华出版社，2024．

[2] 侯婕，马进军．高校思想政治教育与中华优秀传统文化融合研究[M].北京：北京出版社，2024.

[3] 刘玉琼．中华优秀传统文化融入高校德育建设的路径研究［M］．北京：北京燕山出版社，2023．

[4] 张莹，贾瑞琪，胡余龙，等．高校学生社团实践与中华优秀传统文化传播［M］．成都：四川大学出版社，2023．

[5] 孙鹤嘉．中华优秀传统文化融入高校思想政治教育研究［M］．沈阳：辽宁人民出版社，2024．

[6] 吴宁宁．中华优秀传统伦理文化融入高校思政课教学创新研究［M］．北京：社会科学文献出版社，2023．

[7] 魏圆圆．新时代中华优秀传统文化融入高校思想政治理论课研究［M］．南京：东南大学出版社，2023．

[8] 刘珥婷．文化视野下高校思想政治教育实践研究［M］．哈尔滨：哈尔滨工程大学出版社，2023．

[9] 杨杰．文化渗透视角下高校思政教学探究［M］．长春：吉林大学出版社，2023．

[10] 迟海波．互联网时代中华优秀传统文化传播的大学使命与实践［M］．北京：中国社会科学出版社，2023．

[11] 刘玲妍，王雁，黄敏．中华优秀文化融入外语教育研究［M］．长春：吉林出版集团股份有限公司，2023．

［12］吕连鹏．传统文化涵养下大学生管理工作研究［M］．长春：吉林出版集团股份有限公司，2023．

［13］苗青．中华优秀传统文化与高校青年教育管理研究［M］．北京：新华出版社，2021．

［14］张枫．中国优秀传统文化与高校思想政治教育工作融合研究［M］．太原：山西经济出版社，2022．

［15］陈莉，李江．高校实践育人创新探索与研究［M］．西安：西北大学出版社，2022．

［16］陈虹．新时代高校心理育人价值实现研究［M］．厦门：厦门大学出版社，2022．

［17］王宇．中华优秀传统文化融入大学生德育教育研究［M］．北京：人民出版社，2022．

［18］吴延芝．中国传统文化中的教育价值研究［M］．北京：中国水利水电出版社，2022．

［19］王佳，鲁宽民.中国优秀传统文化融入大学生思想政治教育研究[M].长春：吉林大学出版社，2022．

［20］彭丽，杜晓东，姚立．中华传统文化与大学生素质教育研究［M］．长春：吉林文史出版社，2022．

［21］杨康贤．传统文化视域下的当代大学生思想政治教育研究［M］．西安：西北工业大学出版社，2022．

［22］刘艳芳．中华优秀传统文化融入高校思想政治教育研究［M］．郑州：郑州大学出版社，2021．

［23］杨文娟，张雪华.中华优秀传统文化融入高校思想政治教育的"理"与"路"［M］．北京：现代出版社，2021．

［24］王海云．弘扬中华优秀传统文化培育社会主义核心价值观——基于高校思政课的教学与研究［M］．昆明：云南人民出版社，2021．

［25］吴奕，金丽馥. 新时代高校文化育人理论与实践［M］. 镇江：江苏大学出版社，2021.

［26］蔡静俏，袁仁广. 高校校园文化建设与发展研究［M］. 长春：吉林文史出版社，2020.